生涯规划与学科素养的融合

文科篇

孙 旭 　主 编

郑州大学出版社

图书在版编目（CIP）数据

生涯规划与学科素养的融合. 文科篇／孙旭主编. — 郑州：
郑州大学出版社，2024.7
ISBN 978-7-5773-0316-1

Ⅰ. ①生…　Ⅱ. ①孙…　Ⅲ. ①职业选择 – 教学研究 – 高中
Ⅳ. ①G633.932

中国国家版本馆 CIP 数据核字（2024）第 081593 号

生涯规划与学科素养的融合·文科篇

SHENGYA GUIHUA YU XUEKE SUYANG DE RONGHE·WENKE PIAN

策划编辑	郜　毅	封面设计	王　微
责任编辑	樊建伟	版式设计	苏永生
责任校对	郜　静	责任监制	李瑞卿

出版发行	郑州大学出版社	地　　址	郑州市大学路 40 号（450052）
出版人	孙保营	网　　址	http://www.zzup.cn
经　销	全国新华书店	发行电话	0371-66966070
印　刷	郑州宁昌印务有限公司		
开　本	787 mm×1 092 mm　1／16		
本册印张	12	本册字数	281 千字
版　次	2024 年 7 月第 1 版	印　次	2024 年 7 月第 1 次印刷

书　号	ISBN 978-7-5773-0316-1	总 定 价	88.00 元（全 2 册）

本书如有印装质量问题，请与本社联系调换。

编委会名单

前　言

在教育的浩瀚海洋中,生涯规划指导的重要性如同灯塔,为学生在学科学习的旅程中指引方向。随着时代的进步,生涯规划指导在学科教学中的作用日益显著,它帮助学生识别自身的兴趣与优势,挖掘潜在的职业方向,为未来的职业生涯铺设坚实的基石。

《国务院办公厅关于新时代推进普通高中育人方式改革的指导意见》(以下简称《指导意见》)明确提出:"到 2022 年,德智体美劳全面培养体系进一步完善,立德树人落实机制进一步健全。普通高中新课程新教材全面实施,适应学生全面而有个性发展的教育教学改革深入推进,选课走班教学管理机制基本完善,科学的教育评价和考试招生制度基本建立,师资和办学条件得到有效保障,普通高中多样化有特色发展的格局基本形成。"

《指导意见》立足于培养担当民族复兴大任的时代新人、推进普通高中教育教学改革、全面提高普通高中教育质量,并对其进行了系统设计和全面部署,这是新世纪以来国务院办公厅出台的第一个关于推进普通高中教育教学改革的重要纲领性文件,对正处于普及攻坚、课程改革和高考综合改革三大改革同步推进关键时期的普通高中教育来说,具有里程碑意义。当前,普通高中教育正进入以内涵发展、提高质量为重点的发展新阶段,但是仍面临着多维改革同步推进的繁重任务,面对这些新任务,普通高中教育迫切需要通过深化改革着力破解面临的问题。

赤峰学院附属中学作为赤峰市唯一一所本科院校的附属中学,一直在积极探索推进实施高中育人方式改革的有效路径,并摸索出"以实践育人常态化实施为特色提升育人品牌"和"以高中生涯规划教育为特色强化育人品牌"的特色办学之路。本书就是以赤峰学院附属中学的特色办学路径为研究对象,重点介绍了一所地方性本科院校的附属中学如何以高中学生生涯规划教育为引领来推进学科教学改革,通过建立"一体两翼"的生涯指导核心架构、"一生一导"+"多元测评"的生涯规划体系,构建"大中学校一体化"的育人机制,打造特色学科基地等方式把生涯规划融入育人的全过程,探索学生学科核心素养的培育,强化育人品牌,进而推动高中育人方式的变革。

本书着重体现符合校情的优势和特色:首先是注重实践,内容紧密结合实际,通过案例分析、实践操作等方式,帮助学生将理论知识转化为实际应用。其次是注重多元化视角,涵盖了多个学科领域,结合不同行业的发展趋势,为学生提供全面的职业指导和建议。再次是个性化指导,根据学生的兴趣、能力和需求,提供个性化的职业规划和指导,帮助学生找到适合自己的职业道路。最后是系统性,遵循学生的认知发展规律,从自我认知到职业探索,再到能力提升和职业规划,具有明显的系统性。

本书中的教学设计案例适用于普通高中学校的部分年级和学科教学,教师可根据实际情况选择相应章节进行讲解和指导。同时,学生也可根据自己的需求选择相应章节进行自主学习和探索。在使用过程中,建议教师结合实际情况,组织学生进行小组讨论、案例分析等实践活动,以提高学生的实践能力和综合素质。

孙 旭

2023 年 11 月

目　录

生涯规划在高中外语教学中的引领

生涯规划在高中政治教学中的引领

生涯规划在高中历史教学中的引领

生涯规划在高中地理教学中的引领

生涯规划在高中美术教学中的引领

做自己的梦想实现家——让梦想照进现实

冯海霞

一、案例概述

魏同学高一中考成绩严重打击了他的学习自信心。在家长的看法以及自我认知中，魏同学认为"学习好"三个字一生都与自己无缘，中考成绩在班级倒数第四名，家长、老师的评价以及自己对自己的定位，让他倍感焦虑，同时严重缺乏自信心。从小魏同学和爷爷的感情就特别好，在一次爷爷重病的时候，他暗自下决心，未来要做一名临床医生。升入高中的他不断地问自己："我真的可以实现自己的梦想吗？"在一遍遍的追问下，魏同学跟妈妈说，他不想补课，但还想实现未来考医学专业，考中国医科大学的梦想，怎样才能实现呢？妈妈也很困惑。

在目标不清晰，没有学习状态，自信心不足，不知道自己所坚持中国医科大学的梦想是否能实现的困惑下，妈妈带着魏同学前来做学业规划咨询。

二、咨询过程及解决方案

（一）对咨询对象进行测评

第一步：霍兰德测评（霍兰德的测评结果 ICR）思考力、传统型、动手能力，MBTI 性格测评（测评结果 INTP 学科潜质型）。

ICR 适合的工作：质量检验技术员、工程师、计算机操作员、医院听诊员、家庭检验员等。当魏同学看到有医院听诊员，瞬间兴奋，眼睛一亮，让他明确了自己的目标，真的找到了他的天赋兴趣。

MBTI 性格维度（INTP）其特征：外表平静、沉默，内心却坚信，致力于分析问题，喜欢有条理有目的地交谈，有条理地推理才会使他们信服，这类人是足智多谋，有独立见解的思考者。

适合的职业：大学教授、科研人员，医务工作者等。

专业领域：创造性领域、学术领域等。

在以上两个专业测评分析中，魏同学听完测评结果，瞬间惊愕其精准性，兴奋地说："我的性格确实如此，外表平静、沉默，但当我决心研究某一学科时候，我一定会专心致志地做细致的研究和分析。"同时通过选科测评和 MBTI 性格测评，他再次坚定了自己所选的"物化生"赛道是正确的，如果自己坚持学医，生物就一定要学好、学精、学透。

第二步：学习力测评，学业督导测评。

明确规划的意义就是让他懂得怎样做最好的自己。魏同学是很多同学的缩影,高中所有经历要受到老师、家长、同学的关注。据调查,目前高中生群体中,有 1/3 的学生不知道为什么要读大学,不知道未来读什么大学,盲目地在学校混日子。一个人未来能学业成功,事业成功,不一定是他能力有多强,机遇有多好,而是他一定有一个明确的规划目标。

学习力测评:学习习惯 3.5 分,学习方法 2.0 分,学习目标 2.5 分,应用拓展 4.0 分。

学业督导测评:学习动机(主动性低、自信心不够);学习方法(复习、预习、学习计划低于平均分);时间管理(计划执行安排低于平均分);考试压力低于平均分;学习环境(父母教育模式,亲子关系低于平均分)。

(二)分阶段制定目标

1.确定专业,选好科目

在高一阶段就要确定专业目标,选好科目。魏同学在新高考"3+1+2"模式下选取了物化生赛道。

2.通过学考,背景提升,学科优化

在高二阶段引导魏同学做好综合评价和强基计划探索。语、数、英三大主科进行目标成绩重点提升,物理在新高考中原始分计入,跟三大主科一样,也要作为目标提升的重点科目。

3.高效学习,多元升学,志愿优报

高三阶段的学习分为元旦之前和元旦之后,元旦之前重点突破三大主科,元旦之后分阶段重点提升物化生。

(三)高效的自我管理

1.时间管理

合理分配时间,并不是要你给每一科平均分配时间。有些科目分配多一些,有些科目少一些,有些科目适合早上学,有些科目适合晚上学。具体到每周的每一天有多少课余时间、怎么分配,这些由他自己计划,计划好了就要执行下去。时间是上天分配给每个人绝对公平的东西,每天 24 小时 1440 分钟 86400 秒。同样的时间,有时你会觉得"光阴似箭",有时你也觉得"度日如年"。所谓时间管理,就是有效地利用时间资源,以便有效地取得个人重要目标。

在时间管理上,建议用时间管理四象限。

(1)重要而且紧急

处理方法:立即去做。

原则:越少越好,很多第一象限的事情是因为它们在第二象限时没有被很好地处理。

(2)重要但不紧急

处理方法:有计划去做。

原则:集中精力处理,投资了第二象限,做好计划,先紧后松。

(3)不重要但紧急

处理方法:交给别人去做。

原则:将你身上的"猴子"扔到别人身上。

(4)不重要且不紧急

处理方法:尽量别去做。

原则:可以当作休养生息,但是一定不能沉溺于这个象限。

2. 行动管理

魏同学在学习过程中经常把当天做不完的事情,以各种借口和理由移到第二天。让他用"今日事,今日毕"来战胜拖延症。

行动是最基本的原则,毅力是坚持过程的必要锻炼,人的行为总是一再重复,因此,卓越不是单一性举动,而是习惯。高效能人士有七个习惯:①积极主动;②以终为始;③要事第一;④双赢思维;⑤知己知彼;⑥统合综效;⑦不断更新。让魏同学把这七个习惯直接融入每天的学习计划当中。

怎样养成好习惯并坚持好习惯呢?

第一阶段:1~7 天。此阶段的特征是"刻意,不自然"。刻意提醒自己要改变,因为会觉得有些不自然、不舒服。

第二阶段:7~21 天。不要放弃第一阶段的努力,继续重复,跨入第二个阶段。此阶段的特征是"刻意,自然"。已经觉得比较自然了,但一不留神,你还会回到从前,因此要不断地提醒自己。在第 7 天到 21 天好习惯养成过程中,魏同学每天复盘学习内容,坚持得非常不错。

第三阶段:21~90 天。此阶段的特征是"不经意、自然",其实这就是习惯。这一阶段被称为"习惯的稳定性"。

经过以上好习惯的练习让魏同学养成了每周复盘、每晚复盘的学习好习惯,高一期中考他的成绩从班级倒数前进至第 21 名。

(四)对规划跟进赋能

父母教养模式测试低于平均分,说明父母平时管教的方式不是很民主,出现管教过严,建议父母民主参与,让魏同学自由生长,同时充分相信他。在学习中要给予鼓励、支持和认可,而不是一味的怀疑,父母接受了测评结果的建议。

在学业规划跟进赋能过程中,魏同学渐渐地养成了好的学习习惯,学会目标分解,开始主动学习,增强自信心。在学习方法上学习预习六字诀,复习四大原则,上课听课高效记笔记的方式。同时开始制订月计划、周计划等落地可行的学习计划。

心理学家指出,一项看似简单的行动,如果你能坚持重复 21 天以上,就会形成习惯;如果坚持重复 90 天以上,就会形成稳定习惯;如果能坚持重复 365 天以上,你想改变都困难。同理,一个想法重复 21 天或重复验证 21 次,就会变成习惯性的想法。所以在学业规划过程中,让孩子有一个好习惯,改掉一个坏习惯,并没有想象中那么难。

目标清晰再加上好习惯,助力魏同学高一期末考由班级第 21 名进步到第 11 名。自信心的提升让他有了很强的主动学习能力,能做到主动自发学习,而不是被动学习,对自己的学习内容和学习目标比较清晰明了了,不会三分钟热度。这让他再次相信,只要目标坚定,学习动力足,未来的大学梦想是可以实现的。

三、收获与启发

学业规划中一方面要明确规划意义,做最好的自己;另一方面要确定好方向,树立长远目标,没有目标就会迷失方向,就会失去前进的动力。因此,在高中阶段的学习中,要深入让同学们了解自己的兴趣、性格特征,明确自己未来发展的大致方向,激发自己内心对未来的想法,激发内心的斗志。从而把这斗志变成内在的动力,充满希望地去学习,充满希望地面对未来的挑战。

俗话说,知己知彼,百战不殆。一个人兴趣爱好可能会有很多,选择哪一个作为将来的职业方向,还需要考虑社会现实条件和市场上的职业供求关系,重视职业本身的发展。兴趣和能力再高,如果社会不需要或者需要得极少,那么很难就业,不能最大限度实现自己的价值。

海阔凭鱼跃,天高任鸟飞,现代社会给了每个人施展自己才华的机会,我们需要做的就是尽最大努力去实现自己的梦想,找到适合自己的舞台,整合调动身边的资源,让梦想一步步坚实地达成。

生涯规划在高中心理教学中的引领

《人际交往 ABC》教学设计方案

韩　伟

课型	新授课	课题	人际交往 ABC	教材版本	内蒙古自治区地方教材
年级	高一	课时	1 课时	授课教师	韩伟
课程标准	根据《中小学心理健康教育指导纲要(2012 年修订)》要求,高中生要正确认识自己的人际关系状况,培养人际沟通能力				
教学目标	1.了解什么是人际交往。 2.认识人际交往的重要性。 3.学习人际交往的方法和技巧				
教材分析	本节内容是人际交往的第一课,了解了什么是人际交往,认识了人际交往的重要性,才能更好地学习人际交往的具体方法和技巧				
学情分析	高中生处于心理、生理上的一个"伪熟期",他们摆脱了稚嫩,逐步走向成熟。与初中生相比较,高中生的人际关系有了很大的变化,逐渐向成人化靠拢。高中生中间小团体减少,个人活动力增强,开始充分表现自己的独立能力				
生涯设计	通过活动的体验和感悟,帮助学生学会处理人际关系。在班集体中建立一个和谐、融洽的人际关系,学生就会心情舒畅,情绪稳定,自信心强,从而利于个体健康成长				
重点难点	重点	了解人际交往的重要性			
	难点	运用人际交往的有效方法			
设计思路	创设情境—了解什么是人际交往—人际交往的重要性—人际交往方法探究—总结提升				
教学方法	合作交流法、活动体验法、视频赏析法				
教学过程	手段	教师活动	学生活动	教学设计意图	
导入新课	课件展示	设置问题:你在生活中会出现以下情况吗? 不敢和陌生人说话;当众说话会紧张冒汗;出去办事总希望有人陪伴,否则没有安全感;不喜欢主动与人交流;很想与他人交往,但不知如何交往;在与他人交往过程中,不知为什么总会得罪他人;如果和他人在一块聊天,觉得自己根本插不进话,像个局外人……	七嘴八舌	热身,创设情境,导入主题	

讲授新课	课件展示(投影仪、板书)	活动一:什么是人际交往 人际交往是指人与人之间相互传递信息,沟通思想和交流感情的联系,是人类活动的一种最基本的形式。如:谈话、教学活动、发信息、打电话、发邮件等。 活动二:人际交往的重要性 展示"人际交往剥夺实验" 师生总结: 和谐人际——有幸福感、安全感、认同感,情绪稳定。 脱离人际——孤独、压抑,影响学习、生活和心理健康。 现实生活中,各种各样的人都有,我们应学会与各种人交往。青春期的我们更应该懂得与这个世界友好相处。 学生的人际交往对象主要有: 父母——亲情 老师——师生情 同学——友情 讨论:如何处理亲情、师生情、友情的矛盾冲突? 活动三:如何构建良好的人际关系 讨论:通过观看视频,你认为构建良好人际关系小技巧有哪些?	任务一:思考并回答问题。 任务二:小组讨论"人际交往剥夺实验"并分享。 任务三:讨论分享如何处理亲情、师生情、友情产生的各种矛盾摩擦。 任务四:小组讨论"如何构建良好的人际关系"并分享	通过讨论分享,初步了解什么是人际交往。 通过小组讨论、交流、分享,认识到人际交往的重要性。 通过小组讨论、交流、分享"处理亲情、师生情、友情"摩擦的种种方法,学习人际交往的各种技巧。 通过讨论交流总结构建良好人际关系小技巧:尊重、倾听、理解、真诚、宽容、诚信、赞美、微笑
课堂小结	我们每个人都是独特的,有个性、棱角,甚至尖锐如这只小刺猬,若你想融入他人、社会,就要想办法收敛起那刺痛他人的尖刺;也要如小松鼠一样,去接纳和包容有个性的同伴。方法总比困难多,相信自己,你会收获更多人的爱,加油吧!			
课后作业	1.运用今天学到的方法进行交往。实验周期:一周。 2.一日职业体验			
板书设计	人际交往ABC 1.了解什么是人际交往。 2.认识人际交往的重要性。 3.学习人际交往的方法和技巧			
教学反思	本节课主要学习了人际交往的相关内容,其中学会人际交往的方法是难点,通过小组合作交流、分享人际交往的技巧、方法,很好地突破了难点。由讲故事到案例分析,引发学生思考人际交往的意义问题,通过讨论案例和视频赏析,使学生体会到人际交往的技巧和方法。鼓励学生树立人际交往的信心和应用人际交往方法的技巧,从而帮助学生构建良好、和谐的人际关系,培养学生的沟通能力			

《我和未来有个约会》教学设计方案

李凤艳

课型	新授课	课题	我和未来有个约会	教材版本	内蒙古自治区地方教材
年级	高一	课时	1课时	授课教师	李凤艳
课程标准	根据《中小学心理健康教育指导纲要（2012年修订）》要求，在充分了解自己的兴趣、能力、性格、特长和社会需要的基础上，确立自己的职业志向，培养职业道德意识，进行升学就业的选择和准备，培养担当意识和社会责任感				
教学目标	1.初步判断自己的职业方向。 2.激发学生对未来美好生活及职业的向往。 3.提升学生学习、奋斗的内驱力和自信心				
教材分析	本书是内蒙古自治区统一发放的《生涯规划》教材。本节课是第一节课《生涯规划ABC》，教材中指出高中生目前正处于生涯发展的探索期，应当在充分了解自己的兴趣、能力、性格、特长和社会需要的基础上，确立自己的职业志向				
学情分析	总体来讲，我校学生学业成绩不佳，学习动力不足，对自己的未来没有太多信心，职业方向更是渺茫，所以生涯唤醒课尤为重要				
生涯设计	帮助学生了解现有的及未来可能出现的职业，初步判断自己的职业方向，更好地树立前进目标和奋斗的方向，激发学生对未来美好生活及职业的向往				
重点难点	重点	清晰自己的职业取向，引导学生树立正确的价值观			
	难点	提升学生学习和奋斗的内驱力及自信心			
设计思路	游戏导入—你说我说—生涯漫游—招聘会—分享—总结提升				
教学方法	游戏导入法、多媒体演示法、师生合作探究、活动法				
教学过程	手段	教师活动		学生活动	教学设计意图
导入新课	课件展示游戏规则	教师发出指令，热身游戏："木头人""什么人？""医生、教师、歌唱家……"		同学们跟着教师的指令做出相应动作，展示教师说的职业类型特点	引起学生对职业的感知和继续探索的兴趣

| 讲授新课 | 课件展示(投影仪、板书) | 活动一:你说我说
1.你还知道哪些职业?
2.你预测未来还会有哪些新兴职业?
3.你希望自己将来从事什么职业?
4.如果给你个机会穿越到未来,你想看看未来自己的样子吗?

活动二:寻梦环游(生涯漫游)
实施步骤:在教师的带领下进行冥想,带领学生通过乘坐大家熟知的"神奇校车"来到未来世界,思考未来3年后大学生活的自己,7年后或继续深造或参加工作的自己的样子。最后"神奇校车"在"招聘会"上着陆。

活动三:招聘会(课程主体)
根据霍兰德职业生涯测试,设计了6个职业,医生、教师、办公室文员、华小为公司、京小东网店、艺术公司。
1.发放空白简历;
2.收简历;
3.组织招聘会;
4.总结

活动四:分享感受和收获
请大家简单谈谈本节课的感受、收获或存在质疑的地方 | 一、学生分享,教师提示:
1.修锅师傅,修钢笔,公交车售票员等;
2.酒店试睡师,旅游体验师,机器人保姆等;
3.教师,医生,主播等
二、跟随音乐和教师指导语进行生涯漫游。
1.学生根据自己的"经历"及兴趣爱好填写自己的"简历",每人一份。
2.投放简历。
3.各组分配招聘任务,各小组成员秒变"招聘者"。集体讨论、选拔优秀人才,最终脱颖而出的"人才"需要组内全体成员共同讨论通过。
4.各小组推荐一名成员为全班同学宣布本组的聘用名单,并说明成功聘用的理由 | 1.通过头脑风暴的形式初步实现教学目标,了解现有及未来可能出现的职业有哪些。初步判断自己的职业方向。
2.生涯漫游的方式顺利过渡到下一话题。希望同学们在冥想过程中看到自己未来的影子。
3.学生全程参与,积极体验与分享,不仅能帮助学生初步判断自己的职业方向,还能更好地树立前进的目标和奋斗的方向,激发学生对未来美好生活及职业的向往 |

课堂小结	我们都知道飞蛾扑火的故事,人类比飞蛾的优越之处在于不是被动地等待基因进化,而是主动地改变自己,以适应环境,这就是生涯规划。规划的实质就是改变和适应环境。人生就像一株植物,规划得好,成为有用之才;规划不好,变成杂草。当我们知道规划的重要意义,知道改变的目标与途径时,我们也就获得了新的能量并迸发光彩
课后作业	1.与家人讨论,进一步确定自己的职业方向。 2.根据自己所选的职业方向寻找心仪的大学。 3.查找所选的大学及专业历年的录取分数。 4.厘清自己目前的优势、劣势及需要提高的地方
板书设计	我和未来有个约会　→ 你说我说 → 寻梦环游 → 招聘会 → 总结提升
教学反思	1.教学目标:基本实现,整节课很关注重难点的实施与突破,具体体现在学生分享后的引导,时刻关注学生价值观及自信心的培养,激发了学生对未来职业的向往。 2.教学内容:教学环节完整,重难点突出。总体脉络清晰,主要以学生体验、感悟、分享为主线,通过总结提升加深学生对教学内容的理解。 3.教学实施:教师引导语言不够精练,对一些问题的出现未做到提前预判,备课时还需多做准备,逐词逐句反复推敲引导语。 4.教学效果:本节课多数同学上课状态非常好,表示收获很大,个别几位同学仍处在游离状态,课后了解了一下,发现他们对自己未来的期望值并不高,信心也不足,甚至没想过自己能考上大学,准备在后期课程中多关注这几个学生,为他们做个案和团体辅导

《我的职业生涯指南针》教学设计方案

张索曦

课型	新授课	课题	我的职业生涯指南针	教材版本	内蒙古自治区地方教材
年级	高一	课时	1 课时	授课教师	张索曦
课程标准	《中小学心理健康教育指导纲要（2012 年修订）》中指出高中心理健康课程内容应包括帮助学生充分了解自己的兴趣、能力、性格、价值观和社会需要，确立自己的职业志向，为升学就业的选择做准备					
教学目标	1.了解职业价值观的定义与具体内容，帮助学生树立自身的职业价值观。 2.学生通过活动初步探索自己的职业价值观。 3.通过职业价值观的探索，引导学生明确职业价值观对个人职业生涯的重大意义					
教材分析	《我的职业生涯指南针》选自《高中心理健康教育》一书，本课是高中生涯规划系列课程中的一节，本节课主要让学生自主探索自己的职业价值观，为接下来的职业兴趣和职业能力课程做准备					
学情分析	高中阶段是学生价值观形成的关键期，但由于他们生活经验不足，对行业、职业缺少认识，所以，对自己的未来职业生活感到迷茫，这是影响高考后的择校、择业的一个重要因素。因此，引导学生探索自己的职业价值观，厘清自己对职业的要求，使学生在全面思考的前提下做出选择，是生涯规划系列课程中不可缺少的一课					
生涯设计	舒伯提出，职业价值观是人们衡量某种职业的优劣和重要性的内在尺度。在高中的生涯课程中，职业价值观探索十分重要。学生对自己的价值观了解得越清晰，对未来的规划就会越明确，生涯决策就会越坚定，学习动力也会更稳定					
重点难点	重点	引导学生掌握探索职业价值观的方法				
	难点	明确职业价值观对个人职业生涯的重要性				
设计思路	你会怎么选—职业价值观—探索我的职业价值观—职向未来—小结					
教学方法	活动法、讨论法、讲授法、小组合作法					

教学过程	手段	教师活动	学生活动	教学设计意图
导入新课	课件展示	热身活动、你会怎么选？（活动一）教师向学生描述某些职业的相关特点,在描述的过程中,如果有你心仪的职业特点,请站起来;如果中途遇到你不中意的,请坐下,大家明白了吗?	根据游戏规则进行坐下和起立的动作	1.激发学生的学习兴趣,活跃课堂气氛。 2.初步了解职业价值观
讲授新课	课件展示(投影仪、板书)	一、职业价值观 职业价值观是指人生目标和人生态度在职业选择方面的具体表现,也就是个体对职业的认识和态度,以及他对职业目标的追求和向往。 国内有学者改编、整理美国心理学家舒伯提出的 15 种职业价值观,将职业价值观重新划分为 12 种。 二、探索我的职业价值观(活动二) (一)12 选 8 在 12 种职业价值观中挑选出你认为最重要的 8 种,填入图一中。 图一 (二)8 选 5 请用"×"删除 8 项中不那么重要的 3 项。 (三)5 选 3 用"＝"删除你认为不那么重要的 2 种。删除完毕后,将你最后保留的 3 种填入图二中。 图二	任务一:了解 12 种生涯价值观,并思考自己最看重哪种职业价值观	1.揭示主题,明确职业价值观的概念。 2.帮助学生建立对 12 种职业价值观的清晰认知。 3.引导学生认识与职业相关的选择是职业价值观在背后默默引领

讲授新课	课件展示(投影仪、板书)	（四）小组讨论 在小组内分享自己的核心职业价值观。 三、职业价值观(活动三) （一)目前你最看重的职业价值观是什么?有没有哪项职业能与你看中的这些职业价值观相匹配呢?请大家拿出学案纸,写下你自己目前最看重的三项职业价值观,并思考:现在是否有某一职业能够满足你的这三项职位业价值观?将职业填写在图三中间的圆圈中。 图三 （二)班级内分享	任务二:在活动中逐步厘清自己的职业价值观。最后选出三个核心职业价值观。 任务三:在小组讨论中,进一步厘清自己的核心职业价值观,并根据核心职业价值观初步选择理想职业	1.通过不断活动,帮助学生在取舍之间进一步厘清自己的价值观。 2.引导学生认识到人生就是不断取舍的过程,总会有一些遗憾存在,我们在做选择时更应该明确自己的价值观。 1.在听完各小组的分享后,使学生明了职业价值观的动态性、可变性。 2.引导学生们意识到职业价值观对职业选择的重要性
课堂小结		职业价值观也会随着我们对世界的认识、人生经历发生变化,所以,我们需要在生活学习中不断探索,明确自己最看重什么,这样可以使我们在未来更坚定地去确立自己的目标。希望大家积极探索,活出属于自己的精彩!		
课后作业		回家采访一下身边已经工作的人:获得现在的工作和职位需要满足哪些条件?这份工作最吸引他们的是什么?同时,为10年后的自己制作一张名片,内容包括:姓名、工作单位、职位、工作方向等		

板书设计	我的职业生涯指南针——职业价值观探索 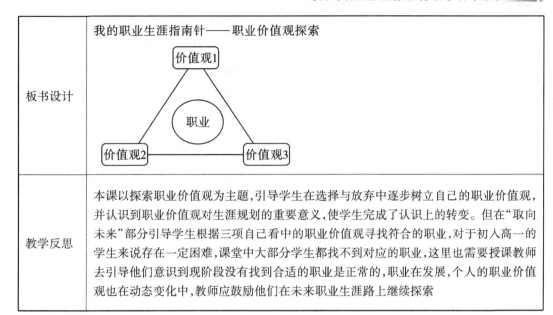
教学反思	本课以探索职业价值观为主题,引导学生在选择与放弃中逐步树立自己的职业价值观,并认识到职业价值观对生涯规划的重要意义,使学生完成了认识上的转变。但在"取向未来"部分引导学生根据三项自己看中的职业价值观寻找符合的职业,对于初入高一的学生来说存在一定困难,课堂中大部分学生都找不到对应的职业,这里也需要授课教师去引导他们意识到现阶段没有找到合适的职业是正常的,职业在发展,个人的职业价值观也在动态变化中,教师应鼓励他们在未来职业生涯路上继续探索

生涯规划在高中语文教学中的引领

《青蒿素:人类征服疾病的一小步》
教学设计方案

王柏翠

课型	新授课	课题	青蒿素:人类征服疾病的一小步	教材版本	部编版
年级	高一	课时	1课时	授课教师	王柏翠
课程标准	必修下册第三单元第七课是《普通高中语文课程标准(2022年版)》必修课程"实用性阅读与交流"任务群中的"知识性读物类"。"知识性读物"聚焦于介绍性较强的科普文章和比较浅显的学术论文,通过阅读,既能让学生感受科学研究、自主探索过程中的思维和情志,也有利于学生学习科学的研究方法和适宜的表述方式。本课题以课标为依据,从学科素养、人文素养两个方面设计目标,既保证学生掌握知识性读物的阅读方法,又借此激发学生对科学研究的兴趣和热情,最终提高学生语文学科核心素养				
教学目标	1.筛选整合文章关键信息,梳理人物的科学研究历程或教育成长过程,厘清文章结构脉络。 2.分析文本,把握科学家"发现"与"创造"背后的科学精神,培养热爱科学探索的兴趣。 3.感受屠呦呦的创新意识、探索精神和科学态度,发展科学思维,培养科学精神,认识医学发展的重要性,指引自己的人生选择,培养职业生涯意识				
教材分析	本单元以"探索与创新"为人文主题,意在引导学生了解科学探索的动机、过程与方法,在获得科学认识的同时,体会人文之美与理性思考的价值,激发科学探索意识和理性精神。 《青蒿素:人类征服疾病的一小步》是诺贝尔生理学或医学奖获得者屠呦呦所写的文章,在本实用文的学习中,应着重培养学生筛选信息、整合信息的能力,在品味字词句的过程中学习列数字、引资料等说明方法,体悟作者严谨的科学态度、锲而不舍的科学精神及敢为人先的科学创新精神,从而树立积极向上的人生理想,增强民族使命感和责任感				
学情分析	正确的已有知识:具备了初步阅读实用类文本的基本能力。 正确但不充分的知识: 1.自主阅读方法和学习习惯不好,学习时存在盲目性和被动性,欠缺独立思考和合作探究意识,在思考方面具有依赖性和肤浅性。 2.对于科普类文章的文体特点认识不清楚,欠缺对这类文本的理解分析与评价能力				

生涯设计	当下国际形势不确定性增强的大环境下,国家对医学发展尤为重视,我们也需要更多医学方面的人才。学生能够理解作者的相关品质,但对医学探究的兴趣和热情仍可进一步激发,因此需回归生活本身,帮助学生建立语文与生活的联系。设计本节课,旨在通过屠呦呦的事迹,引导学生了解医学类专业未来的发展前景,认识到医学对国家发展的重要性,了解医学类专业,为自己的职业生涯树立明确的目标。通过本文的学习让学生了解更多医学专业,激发学生对医学的兴趣,了解医学专业及相关专业的大学,培养掌握一定的人文社科知识和相关自然科学基础、较扎实的基础医学理论和临床医学知识以及一定的预防医学知识,具有一定的临床思维能力和临床实践能力的临床医学专门人才。让学生了解相关毕业去向,可以深造,继续攻读硕士、博士研究生学位。也可就业,在各级医疗卫生单位的麻醉科、急诊科、急救中心、重症监护病房、药物依赖戒断及疼痛诊疗等领域从事临床麻醉、急救与复苏、术后监测、生理机能调控等工作。让每个同学都有自己清晰的认知,结合自己的实际情况,精准定位,不盲目从众,树立良好的择业观,选择适合自己的就业方向。希望通过设计本节课可以帮助学生明确自我认识,不断加强学习,做好规划,相信他们也能成为自己心中的医学人才,从而帮助学生更好地追求自己的医学梦			
重点难点	重点	以文本为基础,探讨文章平淡而严谨的语言,人物不懈的科学探索精神、卓越的创新意识,培养热爱科学、勇于探索的兴趣,认识发展医学的重要性		
	难点	了解"发现"与"创造"背后的思维方式,感受人物精神品质,学术研究的独特魅力,明确职业生涯规划方向		
设计思路	本节课以引领学生职业生涯规划为目标,通过导学案的形式,设置三个基本学习任务,包括文本内容概括、人物精神品质分析及文本表现形式分析,由学生进行自主探究展示,进而能够意识到科学精神对个人、民族的重要性。在此基础上,呈现相关资料,师生共同探究第四个学习任务,即新时代发展医学的重要性,引导学生了解医学发展,通过对相关学校和专业的介绍,引领学生思考自己的职业生涯选择			
教学方法	自主合作探究法、情境教学法、多媒体展示法			
教学过程	手段	教师活动	学生活动	教学设计意图
导入新课	课件展示	导入新课,结合中医在新冠感染防治中所发挥的作用,引导学生将其注意力集中到文本上来	感叹中医学的伟大,思考中心人物	在初步感受中医在中国医学上的重要性中进入教学情境,引出文本中心人物屠呦呦,有序开展学习

讲授新课	课件展示(播放视频片段1)	任务一:论其世,知其人 1.展示PPT,介绍屠呦呦生平及主要成就。 2.通过播放短视频的方式引导学生了解青蒿素研究背景,结合课文注释讲解写作背景	1.了解屠呦呦生平及主要成就。 2.观看短视频,了解青蒿素研究背景,阅读课文注释	意在通过作者生平简介、主要成就及相关背景,帮助学生知人论世,为接下来理解并梳理文意、探究作者在文中表现的思想境界,最后达到以意逆志做铺垫
	课件展示	任务二:理文绪,解文意 1.检测学生预习效果。 2.如何理解"青蒿素:人类征服疾病的一小步"? 3.关注小标题,从小标题及相应文本中概括主要信息,并给这些内容划分层次。 4.组织学生举行小组擂台赛,讲解比赛规则,鼓励学生积极回答并计分	1.学生能朗读词语,知晓"沧海一粟"的出处及意思。 2.独立思考并积极发言。 3.快速阅读,能够从相关内容中捕捉关键信息,思考后能用自己的语言概括主要信息并正确划分层次。 4.合作探究,积极思考,小组内热烈讨论后派代表作答	旨在通过自主思考、小组合作探究的方式鉴赏标题,故此引导学生厘清行文脉络、理解文意。小组擂台赛的设置能够点燃课堂氛围,激发学生阅读文本的兴趣,潜移默化地锻炼学生的信息筛选与整合能力
	课件展示	任务三:品语言,析手法 1.赏析文本的准确用词,展示相关问题。 2.赏析文本的说明方法,展示相关问题。 3.引导归纳写作特点,结合本文内容举例说明	1.积极思考后踊跃发言,能感受所选句子用词的准确性与严谨性。 2.积极思考后踊跃发言,能用自己的话表达该说明方法的作用。 3.回忆之前教学环节的内容,在教师的分析下理解文本写作特点	旨在引导学生通过品味语言与探析手法,归纳写作特点,有利于学生探究作者在本文中的思想内涵,帮助学生从"审美与鉴赏"的角度挖掘文章上的"理性美点",实现学生与文本、作者的平等对话

讲授新课	课件展示(播放视频片段2)	任务四:择一事,终一生 展示问题:屠呦呦及其团队能在20世纪70年代艰苦的条件下发现青蒿素的抗疟功效,原因有哪些? 鼓励学生联系生活热点,漫谈今朝风流人物。 展示新冠疫苗的研制时间,升华学生情感,激发学生的科学精神、历史使命感及民族责任感。 拓展延伸,思考职业生涯选择	1. 再次浏览全文并归纳原因,思考后发言。 2. 能用自己的话来概述人物事迹;观看视频并了解王伟事迹,内心受到一定的触动。积累写作素材。 3. 了解新冠疫苗研发的相关知识,积累热点,能够意识到科学精神对个人、民族的重要性。 4. 了解医学专业及其院校	采用"1+X"的拓展方法,围绕"一生只为一事来",由屠呦呦一人拓展到各行各业的"屠呦呦们",鼓励学生漫谈今朝风流人物,感受新冠疫苗研制中体现出的科学精神,这是对学生进行情感熏陶的重要部分,也能帮助学生了解医学专业及其院校,帮助学生做好职业生涯的了解
课堂小结	从梦想启程,科学之路道阻且长却充满令人惊喜的发现,屠呦呦人生中每一个短暂的时刻,都只为成就人类历史上那真正具有意义的时刻而来。"得奖、出名都是过去的事,我们要好好'干活'",这是屠呦呦的人生信条,也是科研人的淡泊宁静、安贫乐道。"在这座科学的高峰上,我还能攀登多久?"我们相信,不只是对于屠呦呦,只要是一名科研工作者,这问题的答案必然是永无止境。一代人有一代人的奋斗,一个时代有一个时代的担当。愿我们也能在无限的可能中享受生命的过程,彰显生命的价值,为自我、他人、社会留下华彩乐章。希望通过本节课的学习能够帮助同学们树立正确的世界观、人生观和价值观,增强毕业生适应社会发展与就业的能力,帮助和引导同学们根据自身特点与社会环境做出更适合自己的选择,以充分发挥自身的能力,实现人生价值			
课后作业	1."捕捉思想光芒,发扬科学精神"主题交流会面向各班级征集,同学积极参加。希望参与交流的同学能够在解读科研人物的科研品质的基础上,写一篇简短的演讲稿,以便在交流会上发言,字数200字左右。 2.撰写对联,歌颂屠呦呦的英雄精神			

板书设计	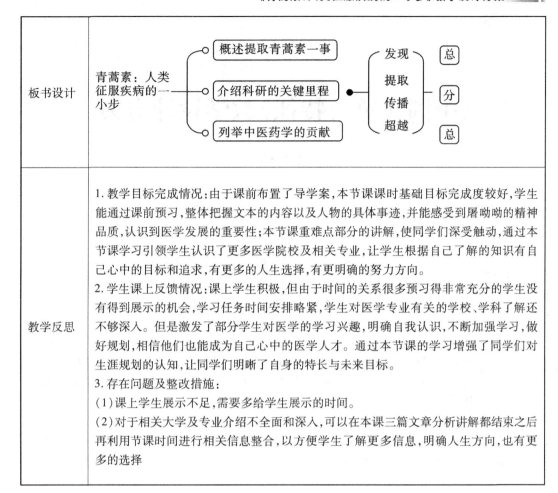
教学反思	1.教学目标完成情况:由于课前布置了导学案,本节课课时基础目标完成度较好,学生能通过课前预习,整体把握文本的内容以及人物的具体事迹,并能感受到屠呦呦的精神品质,认识到医学发展的重要性;本节课重难点部分的讲解,使同学们深受触动,通过本节课学习引领学生认识了更多医学院校及相关专业,让学生根据自己了解的知识有自己心中的目标和追求,有更多的人生选择,有更明确的努力方向。 2.学生课上反馈情况:课上学生积极,但由于时间的关系很多预习得非常充分的学生没有得到展示的机会,学习任务时间安排略紧,学生对医学专业有关的学校、学科了解还不够深入。但是激发了部分学生对医学的学习兴趣,明确自我认识,不断加强学习,做好规划,相信他们也能成为自己心中的医学人才。通过本节课的学习增强了同学们对生涯规划的认知,让同学们明晰了自身的特长与未来目标。 3.存在问题及整改措施: (1)课上学生展示不足,需要多给学生展示的时间。 (2)对于相关大学及专业介绍不全面和深入,可以在本课三篇文章分析讲解都结束之后再利用节课时间进行相关信息整合,以方便学生了解更多信息,明确人生方向,也有更多的选择

《中国建筑的特征》教学设计方案

郭海博

课型	新授课	课题	中国建筑的特征	教材版本	部编版
年级	高一	课时	1课时	授课教师	郭海博
课程标准	本单元属于必修课程"实用性阅读与交流"任务群。课程标准指出:"本任务群旨在引导学生学习当代社会生活中的实用性语文","通过本任务群的学习,丰富学生的生活经历和情感体验,提高阅读与表达交流的水平,增强适应社会、服务社会的能力"。作为该任务群必修阶段的第二个单元,本单元以"探索与创新"为人文主题,引导学生了解科学探索的动机、过程与方法,在获得科学认识的同时,体会人文之美与理性思考的价值,激发科学探索意识、创造激情和理性精神。在书面表达方面安排了"如何清晰地说明事理"的写作任务				
教学目标	1.思维发展与提升:划分层次结构,学习阐述事理的清晰和严谨。 2.审美鉴赏与创造:提炼关键词,品析文法、词汇、可译性的类比意义,感受中国建筑之美,感受本文语言运用之妙。 3.文化传承与理解:结合作者的写作意图,理解建筑是一种文化,激发民族自豪感和责任心				
教材分析	本单元所选的几篇文章反映了人类在自然科学和人文社会科学多个领域中的探索及其发现。这些文章有的介绍科学发现的成果和过程,有的探讨建筑学问题,有的分析文学现象,展现了不同领域学者们的创新意识、探索精神和科学态度,可以激发我们对科学探究的兴趣和热情				
学情分析	高一的学生在初中和高中必修上册已经学习过一些说明文了,对说明顺序、说明方法这些术语已经初步掌握,厘清思路、归纳观点等常规阅读要求也能通过自读解决。学生对科普文章是不感兴趣的,特别是生活中常常被忽视的传统建筑,在课堂中提供一些精美的图片让学生欣赏,有助于缩短学生与文本之间的距离				
生涯设计	建筑,既有遮挡风雨和保障人身安全等方面的实际功能,也有情感表达、美化生活等方面的精神价值,因而传统建筑是民族文化的积淀,是精神气质的外化。现代社会虽高楼林立,却有冰冷单调的不足,社会急需能在建筑方面守正创新的人才。设计本节课,旨在通过梁思成先生的分析,引导学生认识到新中国的建筑既要站在世界的眼光、商业的眼光,更要有对传统的保护和传承意识				

重点难点	重点	1.划分层次结构,学习阐述事理的清晰和严谨。 2.提炼关键词,品析文法、词汇、可译性的类比意义,感受中国建筑之美,感受本文语言运用之妙		
	难点	结合作者的写作意图,理解建筑是一种文化,激发民族自豪感和责任心		
设计思路		本节课以激发对建筑的关注和思考、引领学生职业生涯规划为目标,设置四个基本学习任务,包括探究作者阐释事理的顺序、品味语言与情感之美以及对我国中国建筑文化的思考,由学生进行自主探究展示,认识到中国建筑的独特魅力,进而思考如何对待我国传统建筑、如何建造我国新时代的建筑,激发学生对传统建筑的热爱,引发学生在建筑方面进行保护、传承与创新的思考,引导学生思考自己的职业生涯		
教学方法		任务驱动法、自主学习法、合作探究法		
教学过程	手段	教师活动	学生活动	教学设计意图
导入新课	课件展示	播放图片,导入新课	欣赏建筑之美,感受中国建筑的独特美	在对世界著名建筑的欣赏中创建情景,激发学生的学习兴趣
讲授新课	课件展示（板书）	引领学生完成任务一:在预习的基础上快速标出每一段的中心句,填写表格,学习阐述事理的简洁和严谨	任务一:在导学案上完成表格填写,感受作者阐述事理的简介和严谨	本文语言简洁明了,中心句明确,主要借此活动锻炼学生简单概括的能力
	课件展示	引领学生完成任务二: 1.出示任务二:读3—13段,从文中提取关键词,用简洁的语言概括每条特征,并探究作者在阐述这些特征时采用的顺序及其产生的效果,小组讨论后展示。 2.学生交流时适当给出示例。 3.在学生展示对九大特征的概括时适时播放图片	任务二:阅读课文,在导学案上完成概括,小组讨论,相互交流,思考讨论探究九大特征顺序如此安排的原因,然后展示自己的学习成果	1.学生通过提炼关键词把握主要内容的能力,并感知课文严谨的行文思路。 2.借助图片让学生更加直观地感受中国建筑的特征

讲授新课	1.课件展示 2.学生自主学习并交流导学案	引领学生完成任务三:细读第三部分,填表格体悟作者以比喻的手法阐述中国建筑"文法"和各民族建筑之间"可译性"的妙处	任务三: 1.读课文,填表格,品析"文法""词汇""可译性"的类比意义及写作效果。 2.小组讨论,展示成果	让学生品析"文法""词汇""可译性"的类比意义及写作效果,体悟文章严肃性与形象性相得益彰的语言艺术
	课件展示	引领学生完成任务四: 给出问题:这篇《中国建筑的特征》不仅以严谨的思路、浅显生动的语言为我们阐释了传统建筑之美,更让我们看到了作者的拳拳爱国情,请在文中找到相关的句子体会作者的爱与担当,在文中做出批注后展示交流。 教师适时给出示例文字	学生细读第四部分,结合对前三部分的理解,体悟作者融入科学探究中的殷殷赤子之心。批注完成后进行展示	让学生体会融入说明性文字中的情感,理解我国传统建筑是中华民族千年文化的传承
课堂小结	古城古镇古建筑中沉淀着千年岁月,寄寓着绵绵文脉。梁思成在《中国建筑史》中说:"一个东方古国的城市,在建筑上,如果完全失掉自己艺术特性,在文化表现及观瞻方面都是大可痛心的。因这事实明显的代表为我们文化衰落消失的现象。"作为新时代的青年,我们有责任让中国建筑以它独有的魅力站在地球上			
课后作业	在时代的快速运行之下,人们面对传统建筑的目光已经有些迷乱,联系下面两则材料和你知道的相关现实事件,写一篇300字左右的小短文,谈谈你对我国建筑文化在保护、传承、创新方面的看法			
板书设计	新中国的建筑 中国建筑的法式和惯例 总体特征　结构特征　装饰特征 中国建筑的特征			

教学反思	在学习课文主体的过程中,学生主体作用的发挥比较到位,给足时间读文章,给出问题做批注,学生的学习目标性较强。但是在教学设计和深度文本方面存在一些不足,如果导入环节让学生来准备一些照片会让课堂氛围更活跃,如果教师对建筑专业术语钻研得再透一些,会让学生更好地感受中国建筑中的美与智慧

《喜看稻菽千层浪》教学设计方案

庞欣荣

课型	新授课	课题	喜看稻菽千层浪	教材版本	人教版
年级	高一	课时	1课时	授课教师	庞欣荣
课程标准	本单元是必修课程"实用性阅读与交流"任务群。课程标准指出："本任务群旨在引导学生学习当代社会生活中的实用性语文","通过本任务群的学习,丰富学生的生活经历和情感体验,提高阅读与表达交流的水平,增强适应社会、服务社会的能力"。作为该任务群必修阶段的第二个单元,本单元以"探索与创新"为人文主题,引导学生了解科学探索的动机、过程与方法,在获得科学认识的同时,体会人文之美与理性思考的价值,激发科学探索意识、创造激情和理性精神。在书面表达方面安排了"如何清晰地说明事理"的写作任务				
教学目标	1.诵读作品,了解袁隆平的先进事例,分析人物形象。 2.学习袁隆平高尚的道德操守与创新精神,树立正确的人生观、价值观。 3.结合学生实际培养自己的劳动习惯				
教材分析	劳动改造世界,劳动创造文明。崇尚劳动,尊重劳动,热爱劳动,是中华民族世代的美德;无私奉献,锐意进取,勇于创造,是新时代青年应该树立的劳动观念。劳动是人类通过一定方式支出自己的体力和脑力创造物质财富的活动,分为脑力劳动和体力劳动,教材从两个方面分析劳动习惯的养成				
学情分析	学生在初中学过新闻有初步了解,但对新闻人物通讯的报道角度还不太了解,对如何抓住典型事例来刻画人物写什么、怎么写、为什么写还不知道,以及对人物精神品质的把握还不到位				
生涯设计	突出单元人文主题"劳动光荣"完成课程标准,实现实用性阅读与交流,了解主要人物的事迹和贡献,引导学生关注生活,关注当下,从自我做起,崇尚劳动,尊重劳动,热爱劳动,树立正确的劳动观,将语文学习与以后的职业选择相结合				
重点难点	重点	感知人物的光荣劳动与杰出贡献			
	难点	学习挖掘人物的典型事件,把握人物精神			
设计思路	树立正确的劳动观念,积极践行与发扬中华民族热爱劳动的传统美德				
教学方法	自主学习法、讲述法、讨论法				

教学过程	手段	教师活动	学生活动	教学设计意图
导入新课	课件展示(学习目标)	导入:劳动是推动历史前进的动力,劳动是拉动社会发展的纤绳。劳动是帮助时代进步的阶梯。每个时代的进步都离不开那些爱岗敬业、默默奉献的普通劳动者。今天,我们将通过真实客观的新闻通讯,深入挖掘典型事,典型事件,感受人物形象的精神风貌	文本研读,把握人物形象	人物通讯重点是把握人物形象,引导学生正确地理解作者围绕人物所选择的这些事件的内在关系,理解这些事件对表现人物形象的作用,挖掘人物精神及作者的观点立场
讲授新课	课件展示	一、快速读课文,画出文中关于描写袁隆平的语句,在相应的位置做批注,争取写出完整的评价。 二、人物形象刻画举例,比如选择袁隆平在田地里手持稻苗的形象,以突出泥腿子院士朴素、实干的特点。 文中＿＿＿＿＿＿运用＿＿＿＿＿＿＿生动形象地写袁隆平的＿＿＿＿＿＿。 袁隆平严谨认真的工作态度,包括: 尊重权威但不迷信权威; 实事求是,尊重科学,平和大度; 以科学的态度面对失败,创新坚韧的研究者学术品格; 敢于担当,不断进取。 三、袁隆平身上的人物精神有哪些? 明确:作者的立场——袁隆平的赞扬。 对实践精神的赞扬; 对创新精神的赞扬; 对实事求是、捍卫真理的态度赞扬; 高度评价袁隆平的贡献。 四、拓展延伸,思考职业生涯选择。 "禾下乘凉梦"已经实现,我们是否还有必要继续为农业发展不懈奋斗? 五、布置作业。 学习《喜看稻菽千层浪》,我们看到了袁老的人生选择,他的双脚深深地扎根在他所热爱的这片土地上,他将自己的一生奉献给了祖国的农业发展,在他身上,我们看到了熠熠生辉的劳动者之美。在本单元的其他篇章中,我们还会看到更多不同行业的劳动者,在我们的身边,也有许许多多在各行各业中不懈奋斗的平凡人,若要接过他们手中的接力棒,从现在开始,我们需要做哪些准备?请给未来的自己写一段话,思考自己未来的职业选择,从此刻起,筑梦星辰,揽星九天!	1. 阅读课文,明确文章写了哪些事件,这些事分别体现了人物哪些方面的品质。 2.快速阅读文本,小组讨论袁隆平身上的精神有哪些。 3.思考自己未来的职业选择	1.课堂上要注意培养学生的概括表达能力,有理有据,引导学生表达完整严谨、准确,训练学生用科学思维解决问题,提高学生归纳总结能力。 2.激发学生的社会责任感,唤醒学生生涯意识。鼓励学生结合自己的生活培养劳动的习惯,增强适应社会、服务社会的能力

课堂小结	文章主要报道了杂交水稻专家袁隆平的主要贡献,突出了他心系科学、情系祖国、胸怀人类,在科研上追求不懈、无私奉献的精神,同时文章也表达了对袁隆平的崇敬之情。劳动创造人,劳动创造人类历史,推动着人类社会的进步,所以我们要培养热爱劳动的品质,培养劳动的习惯
课后作业	思考:我们可以从哪个角度评论这位劳动者? 教过两代人的山村小学教师,救死扶伤保佑生命的医生,精心擦拭每一块玻璃的保洁阿姨,春耕秋收辛勤劳作的农民……生活中,有很多平凡的劳动者值得我们关注,发生在我们身上的不少事可能会触动我们的心灵。写一位熟悉的劳动者,题目自拟,不少于800字
板书设计	喜看稻菽千层浪 ┌ 严谨认真的实践者 —— 工作态度 创新坚韧的研究者 —— 学术品格 心怀天下的寻梦者 —— 道德操守 坚持真理的捍卫者 —— 理想志向
教学反思	首先注意学生的素质训练,读、写两种素质在课堂训练中都有所体现。其次较好调动学生,师生互动流畅。但这节课还有一定的不足,那就是过于注重答题技巧的展现,忽视了对文章的赏读!理解一篇文章,读懂一篇文章靠的不是套路,而是真切的感悟。这节课没有引导学生深入文本进行鉴赏,过于求全。应该在鉴赏人物品格与表现人物品格的手法上进行深挖。紧紧抓住人物的形象,让学生大胆地去理解与讲评。可以抓住某个段落先做一个示范鉴赏,然后让学生根据鉴赏的一般注意点和步骤去进行自我鉴赏,这样或许会让学生对课文有更多的理解与回味

《烛之武退秦师》教学设计方案

崔　爽

课型	新授课	课题	烛之武退秦师	教材版本	人教版
年级	高一	课时	1 课时	授课教师	崔爽
课程标准	课程标准指出"思辨性阅读与表达"任务群旨在引导学生学习思辨性阅读和表达,增强思维的逻辑性和深刻性,提高思维水平。本单元学习阅读古今中外论说名篇,把握作者的观点、态度和语言特点,理解作者阐述观点的方法和逻辑。鼓励学生学习表达和阐发自己的观点,力求立论正确、语言准确、论据恰当、讲究逻辑				
教材分析	本单元涉及的文章属于论说名篇,特别是《烛之武退秦师》和《鸿门宴》虽是史传,但史书在很大程度上受到作者主观思想情感的影响,因此,就具备了一定论说立场和判断。在学习时,需要观照历史表达中透露出的作者思想、观念。本单元学习内容一是学习书面表达和阐发自己的观点,二是学习讨论和辩论				
学情分析	1. 正确的已有知识:学生已经有了一定数量的文言词语的积累。 2. 正确但不充分知识:对文言文的句意以及史传历史背景的理解有不足或不充分。 3. 不当的已有知识:学生缺乏对细节描写的分析能力,对论辩技巧缺乏了解				
生涯设计	从古至今,国与国之间都是以各自利益为出发点来进行博弈的,其中难免会引发战争。然而富有谋略的外交官和充满智慧的辩士们,往往能在关键时刻"化干戈为玉帛",他们充满思辨性的辞令和无懈可击的口才,成为国与国之间和平相处的润滑剂。设计本课,旨在通过对烛之武辩论智慧的分析,引导学生学会如何进行思辨性的表达,并结合自身优势,思考自己未来的职业规划				
教学目标	语言建构与运用:诵读文本,借重要词语理解文意,了解郑国当时处境。 思维发展与提升:抓细节描写,解读烛之武的论辩艺术。 审美鉴赏与创造:分析烛之武的形象、成功劝退的原因。 文化传承与理解:学习古人国难当头,不计个人安危得失,顾全大局的爱国主义品质				
重点难点	重点	抓住细节,理解概括烛之武的论辩艺术			
	难点	分析烛之武成功劝退的原因,明确职业生涯规划方向			

设计思路	本节课借助高中语文必修下册《烛之武退秦师》一课,来引领学生的职业生涯规划。通过导学案的问题引领和学习活动设计,鼓励学生进行自主探究展示。从了解晋国的处境、烛之武出山的原因,到成功论辩说服秦国退兵,让学生理解思辨性论辩艺术在外交方面的重要性,引导学生关注当前的国际关系。同时联系本课,结合相关学校和专业介绍,逐步引导学生关注职业生涯规划,帮助学生对职业做出更为适合的选择。学生结合自身优势,思考职业生涯的方向
教学方法	任务驱动法、讨论法

教学过程	手段	教师活动	学生活动	教学设计意图
导入新课	视频导入	播放周恩来总理智慧外交的视频,导入新课	观看视频后,学生分享感受,进入新课学习	激发学生学习兴趣,让学生对外交智慧有直观的了解
讲授新课	课件展示(任务一)	初读文本,概括故事情节。 梳理情节画出导图(用四字概括)	1. 自主思考,依据文本内容,画出导图。 2. 小组交流、展示	借助导图,理解文意结构。培养学生梳理、概括文意的能力
	课件展示(任务二)	细读文本,分析人物形象。 1. 填写下表。概括文中人物形象,明确与烛之武的关系。 <table><tr><td>人物</td><td>形象特点</td><td>与烛之武的关系</td></tr><tr><td></td><td></td><td></td></tr><tr><td></td><td></td><td></td></tr><tr><td></td><td></td><td></td></tr></table> 2. 读第三段,还原历史。 思考:烛之武凭一己之力如何劝退秦军的?	1. 独立思考后,小组讨论,借助描写人物的方法,概括分析人物之间的关系。 2. 合作探究,展示交流:学生逐层分析,明确国与国之间利害关系。 3. 充分讨论交流,可借助资料和地图分析,做到清晰表达	目的在于锻炼学生抓细节分析人物、准确概括人物形象的能力,并理解人物之间的利害关系,为接下来烛之武的外交行为做铺垫。 引导学生思辨性地思考问题,并学会分析事件的辩证关系,同时能做到清晰表达,这是本课的重点

讲授新课	课件展示(任务三)	深入探究,体会论辩艺术。 分析烛之武成功劝退秦军的原因,谈谈他的论辩艺术	学生在任务二基础上,讨论并概括出烛之武的论辩技巧和智慧	对应本课目标,明确思辨性的特点,培养学生概括分析能力
	课件展示(任务四)	拓展延伸,思考生涯规划。 外交是需要智慧的,作为新一代青年,你是否能利用自身优势像烛之武一样,在外交方面有所作为?	结合相关资料,自主探讨交流	了解世界形势,认识外交辞令和外交官在国际间的重要性
	课件展示(拓展延伸)	了解世界大国间外交的背景,了解有关外交专业的相关信息。 1.相关材料补充: (1)《习近平治国理政新理念、新思想、新战略系列谈:中国特色大国外交战略解读》 (2)视频《大国外交》 (3)纪录片《敢教日月换新天》(第21集) (4)中国12位外交官事迹 2.生涯规划——发展方向及相关院校、专业介绍	学生借助拓展延伸材料,对相关专业有进一步的认识与理解,对自己的未来规划有方向性的把握,并做出深入思考	分析本课烛之武的爱国品质,对学生是情感价值观的一种激发。学生结合自身优势和相关院校信息,思考自己的未来职业选择,也是本课对于生涯渗透的关键目标

课堂小结	前人言"烛之武一言,贤于十万师",烛之武能够凭借一己之力,智慧地分析秦晋郑之间的利益关系,充分发挥他的论辩才华,达到了劝退秦军的目的。未来的大国关系必将是更为复杂的,新一代青年人应将自身未来与国家联系起来,心怀报国志,不断培养自己的能力,这样必将会在未来的职业发展中大放光彩
课后作业	面对风云变幻的国际形势,作为新一代的青年人应具有对国家的责任与担当。针对某些国家渲染的"中国威胁论",如果你是中国的外交官,代表中国发言,你将如何回应?请写下你的论辩提纲
板书设计	退秦师 {"郑既知亡"——示弱; "亡郑陪邻"——间离; "舍郑利秦"——诱惑; "亡郑阙秦"——瓦解} 深明大义 智勇双全 能言善辩

教学后反思	存在的问题与整改措施： 1.对职业生涯规划指导需要更深入,应当再进一步整合信息,多做生涯规划方面的介绍与指导。 2.对学生表达能力和语言组织能力的培养还需要进一步加强。 3.课堂需要调动更多学生参与的积极性

《归园田居》(其一)教学设计方案

何　凤

课型	新授课	课题	归园田居(其一)	教材版本	人教版
年级	高一	课时	1课时	授课教师	何凤
课程标准	高一必修上册第三单元是围绕"文学阅读与写作"任务群的课程目标设计的学习单元。本单元充分考虑了时代、诗人、诗体、风格流派、单元人文主题要求等方面的因素,服从"文学阅读与写作"任务群的学习要求和目标,充分考虑学习情境,有效开展专题学习、实践性学习,最终实现深度学习				
教学目标	1.语言建构和运用:反复诵读,感受意象,理解诗意,领悟诗情。 2.思维发展与提升:抓关键词,分析手法,把握诗人归田隐园前后的心境转变。 3.审美鉴赏与创造:合作探究,试作短评,鉴赏诗人形象,理解诗人精神境界。 4.文化传承与理解:感受古诗魅力,体会诗人对社会的思考与对人生的感悟;思考古诗当代价值,感悟诗人不同生命状态下的人生选择和价值追求				
教材分析	本单元聚焦人文主题"生命的诗意",要求学生在诵读和鉴赏的基础上,感受诗人的精神境界,体会其对社会的思考与对人生的感悟,认识古诗词的当代价值,增强对中华优秀传统文化的传承意识。本诗是作者辞去彭泽县令、归隐田园后写的一首诗,主旨在于表白自己的心境、人生志趣和生命追求。通过学习,使学生对山水田园诗有初步的理解,感受田园的喜人情趣和作者不同流俗的高尚情操				
学情分析	学生在初中已经学过《饮酒》《桃花源记》《五柳先生传》等篇目,对陶渊明的性格、行文风格有一定的了解;同时,对于高一的学生来说,他们具备一定的诗歌感受能力、鉴赏能力,完全可以根据注释了解本诗内容。但对诗人形象还未能全方位认识,对其思想还未深入理解,所以本课目标确立为"解读陶渊明思想",系统了解陶渊明,并探讨他的现实意义				
生涯设计意图	著名美学家蒋勋说过:"美就是回来做自己。"在当今的快节奏社会中,许多人被卷入激烈的竞争中,很容易迷失本性,此时不妨学学陶渊明的淡泊心性和对本性的坚守,活出自己的人生。通过本诗的学习,引导学生了解陶渊明的归田,既非为了虚浮的隐居高名,也非为了世俗的道德忠义,只是为了活出真性情,保全质性自然的"真我",为学生未来的人生选择和职业的选择做正确价值观的引导。课程内容中渗透生涯规划教育,利用专业优势帮助学生更好地了解自己、认识自己,明确选择心理学专业在日常生活领域起到积极作用以及未来就业方向				

重点难点	1.感受陶渊明笔下的田园之美和解读陶渊明的思想。 2.学生对自己人生追求的目标和职业选择的思考			
设计思路	本课旨在以学生为主体,教师为主导,通过学生、教师、文本间的对话,来实现对田园诗的把握。课前活动为"相遇":学生借助互联网和其他资源,查找和收集资料,了解诗人及其作品,建立初步认知。课中活动为"相知":品读意象,感受意境之美,揣摩作品意蕴和情感。进行比较阅读,抓住《短歌行》和《归园田居》中作者的进取与退守,进而体会古人的忧与乐。解读陶渊明人物形象,实现深度学习。课后活动为"共鸣",针对诗人的人生选择,表达自己的观点,写一篇文学短评			
教学方法	诵读法、任务驱动法、合作讨论法			
教学过程	手段	教师活动	学生活动	教学设计意图
导入新课	课件展示	对联引入新课,指出同一时代,不同人生取向,各有光芒	品读对联,感受曹操和陶渊明诗中不同的人生取向	从二人的不同选择中体会:人生选择,听从内心的召唤,坚守自己的本性
讲授新课	课件展示(视频补充)	任务一:知人论世 1.隐士经历 2.时代与陶渊明 3.《归园田居》组诗	1.自查材料,初步认识。 2.分享交流,互通有无	自主学习,交流讨论引导学生从"时代与陶渊明"入手,全方位走进作者,有助于深入解读文本,理解陶渊明的人生选择
	课件展示(音频播放)	任务二:赏读诗作 1.朗读悟情 示范朗读,诵读指导 配乐诵读,体悟情感 2.探寻选择 问题1:找诗眼?为什么? 问题2:本诗可分为哪两部分?并具体赏析。 问题3:理解如何"守拙归园田"? (提示:点题句)	1.学生选择多种方式大声诵读,体悟情感。 提示:可自读、对读、组读、集体读。 2.围绕"归"字,通过抓意象、关键词语分析,了解诗人对精神独立和人格自由的向往	1.诵读展示,感知文意 读,是走进文本最直接有效的方式。 2.合作讨论,解决重难点 学生感受作者的矛盾心理、做官与隐退的选择,体会如何在纷乱的时代中守住自己的本心,找到心灵的归宿

讲授新课	课件展示(热点追踪)	任务三:品读人物 由社会中流行的"躺平风""躺平一族"引入思考:陶渊明,他是一位"躺平青年"吗?陶渊明的归隐思想对我们新时代的青年还有指导意义吗?	学生各抒己见,明确"舍得"不等于"躺平",守拙是一种人生境界,从而理解"舍得",以及何时"舍得"	组间合作,探究讨论通过探究人物形象,看到作者冲淡平和的内心、对自我生命存在的意识。由此,在探究人生、追求理想、坚守自我中奏响"奋斗青春,不负韶华"的主旋律
	课件展示(资料助读)	任务四:比较阅读 结合时代背景和诗人的人生经历,谈谈曹操和陶渊明不同选择与其文化背景的关系。 曹:忧。胸怀天下,渴望建功立业 陶:归。追求自由,保持高尚节操	学生根据后世评价比较曹操与陶潜的人生选择	主题升华,关注人生引导学生从陶潜身上汲取力量,保持高尚的节操,追求精神上的自由和独立
课堂小结	是仕,还是隐?是直面现实,心怀天下,还是坚守本性,退隐山林?不同的人会有不同的选择,不同的时代也会有不同的选择。陶渊明是不幸的,他生逢乱世。而我们何其有幸,生逢盛世中国,愿每一个平凡的我们都能找到自己的人生坐标,有一分光发一分热,爱自然爱生活也爱自己			
课后作业	结合具体诗句和诗人人生际遇,品味诗人的情感,探讨诗人在不同生命状态下的人生选择,把对作品的理解、分析和评价写成一篇文学短评			
板书设计	奋斗青春　不负韶华 ↑ 探究人生　追求理想　坚守自我 ⌐————————⌐ 仕　　　　　　　隐			
教学反思	1.本课主要训练学生的诗歌鉴赏能力,中间穿插知识的回顾和对诗歌的反复诵读。在展示交流等环节都达到了很好的效果,重点鉴赏陶渊明笔下的田园风光和解读陶渊明的思想,学生也能够积极思考,主动展示。在今后的教学中,注意引导学生往更深层次去挖掘、去品味。同时,在语文教学中尝试融入"自我教育",把教育的对象变成自己教育自己的主体,受教育的人成为教育他自己的人,引导学生正确认识自我,对自己的能力、性格、爱好、理想等有清晰的认知,对社会自我、集体自我的把握和认同。 2.通过学习本课,学生能明白学习心理学的必要和优势,且心理学专业就业方向广,应用性较强,对社会发展起到积极作用			

《沁园春·长沙》教学设计方案

吕盼盼

课型	新授课	课题	沁园春·长沙	教材版本	人教版
年级	高一	课时	1课时	授课教师	吕盼盼
课程标准	要全面贯彻党的教育方针,落实立德树人根本任务,发展素质教育,推进教育公平,培养德智体美全面发展的社会主义建设者和接班人				
教学目标	1.概括画面,品味诗歌语言,体会作者情感。 2.领会伟人的博大情怀,树立担当意识。 3.帮助学生进行职业生涯规划设计,了解汉语言文学专业				
教材分析	《沁园春·长沙》是高中语文必修上的第一课,它是高中语文的第一课,也是职业生涯规划的入门。这首诗歌充分展示出一代伟人诗歌方面的造诣,在传承优秀传统文化方面,有着深刻的影响力,需要我们全面地展示给学生,从而实现语文课堂应有的深度。学习本课,从"青春的价值"的角度激发学生的理想,唤醒生涯意识作为重点				
学情分析	高一学生是刚刚迈进校门的新生,正是年少有为的年龄,他们对未来充满了希望,踌躇满志,也是生涯发展的探索阶段。他们需要依据自己的实际情况规划自己的人生,形成自发向上的动力机制非常重要。生涯教育可以充分并恰当地落实到诗词阅读过程中,让高中第一课《沁园春·长沙》成为生涯教育的优质土壤				
生涯设计意图	经典诗词有助于学生自主的人格建构与文化建构,它对学生的综合素养和生活品质的影响是潜移默化的。高一的中学生刚刚迈进新阶段的大门,较少接受职业生涯规划教育,相当一部分学生在面临高考志愿填报的问题时显得手足无措。选择好职业方向,是高中生需要面临的一项任务。青春时期的少年们自我意识高度发展,在追逐梦想的过程中,有些同学能够认清现实的自我情况,有些学生不能正确地评价自己,有些学生不清楚划分的标准,需要教师对其进行正确的引导。此时的生涯教育的主要任务是综合认识和考虑自己的性格、兴趣、能力和价值观,探索学业和职业的道路,形成自己的人生规划,为下一阶段的生涯发展做好准备				
重点难点	重点	领略伟人的博大情怀,树立担当意识			
	难点	能够分析关键字词内涵,感受汉语言文学的独特魅力,树立生涯规划意识			
设计思路	由诗词知识导入本诗,通过赏析诗歌四幅图画感受诗词的魅力,引导学生通过诗词阅读了解汉语言文学专业,引导学生爱祖国的文化,形成健康美好的情感和奋发向上的人生态度				
教学方法	讲授法、探究法、讨论法				

教学过程	手段	教师活动	学生活动	教学设计意图
导入新课	讲解导入	龙洋在开场白中说:"青春,如炽热火焰,如灿烂星河。它是弱冠之年的李白,登庐山时写下,'飞流直下三千尺,疑是银河落九天'的自信潇洒;它是青年时期的杜甫,登泰山时抒怀,'会当凌绝顶,一览众山小'的激情迸发。'恰同学少年,风华正茂',让我们跟随诗人进取的足迹,挥斥方遒,礼赞青春。"	感叹诗歌的魅力,引发对诗歌的思考	从熟识的诗歌入手,创建情景,引起学生学习兴趣,使学生对诗词有更直观的认识
讲授新课	课件展示(任务一)	了解词的相关知识以及能够朗诵诗歌	了解古诗词以及能够有感情地朗诵诗词	通过朗读感受伟人的豪迈气概,感受诗歌韵律
	课件展示(任务二)	概述上下阕描绘的四幅图画	概述画面,辨析重点字词内涵	通过概述图画内容,掌握练字的手法,感受汉字的独特魅力
	课件展示(任务三)	刘勰在《文心雕龙》中说:"繁采寡情,味之必淡。"这首词是怎样把写景抒情结合起来的?	思考并讨论诗歌情景结合的特点	了解汉语诗言志的社会功能。鼓励学生将来学习汉语言文学专业,传承中华优秀传统文化
	课件展示(任务四)	了解古人职业规划文句,引出职业生涯主题	阅读并翻译文句: 先谋后事者昌,后事先谋者亡。 ——(周)吕尚《太公金匮》 凡事预则立,不预则废。 ——《礼记·中庸》 父母之爱子,则为之计深远。 ——《战国策·赵四·赵太后新用事》 一家之计在于和,一生之计在于勤。 ——《增广贤文》 不谋万世者,不足谋一时;不谋全局者,不足谋一域。 ——(清)陈澹然《寤言二迁都建藩》	通过古人文句引起学生对职业规划的兴趣,引导学生尽早进行生涯规划设计
	课件展示(任务五)	汉语言文学专业课程设置	了解汉语言文学专业	让学生了解汉语言文学专业学习哪些课程

课堂小结	本文上阕写景,对山上、江中、天空、水底的景物进行了描绘,展现了忧国忧民的博大胸怀;下阕抒情,抒发了以天下为己任的革命豪情。一字一乾坤,一语一经典。汉语,透过伟人的诗词,可以想象中国革命就是在一代代无产阶级革命家披肝沥胆中走起来的,让我们再度在重温经典中汲取到信仰的力量。这就是汉语的魅力
课后作业	螃蟹在剥我的壳,笔记本在写我 漫天的我落在枫叶上雪花上。 而你在想我。 这首三行情诗是武汉大学第二届"三行诗"大赛第 41 号作品,这首作品在大赛上拔得头筹。"三行情书"就是用三行字来表达爱,用简练精致的三行语言表达深情。请仿照范例,写一首献给祖国的三行情书
板书设计	沁园春·长沙 独立寒秋图 湘江秋景图 峥嵘岁月图 中流击水图 景 → 看 →人 → 忆→事→情 →博大胸襟 生涯发展阶段:成长阶段→探索阶段→确立阶段→维持阶段→衰退阶段
教学反思	谢榛说:"景乃诗之媒,情乃诗之胚;合而为诗,以数言而统万形,元气浑成,其浩无涯矣。"(《四溟诗话》)《沁园春·长沙》这首词情景交融,上阕写景却处处含情,下阕抒情依然不乏写景之处,通过壮丽的画面感受到了奋进的力量。让人们在诗词中感受到了汉语的魅力。《沁园春·长沙》是高中语文必修上的第一课,它是高中语文的第一课,也是职业生涯规划的入门。生涯规划需要精细的理念,这样才能给学生以指导。通过本文的学习,帮助学生建立勇于担当的责任感。从本节课体会到诗歌的魅力,鼓励学生努力学习,将来投身到汉语言文学的研究中,传承中华优秀传统文化。从生涯规划的角度来看,需要让学生面向未来想一想,弄明白自己将来想成为怎样的人,想成就怎样的事,为自己确立一个追求的终点目标,并能够始终围绕它采取相应的积极行动。在经典诗词阅读中渗透生涯规划教育内容,就是要唤醒学生的自我规划意识,从本文的语言魅力中引导学生认识汉语言文学专业,生成生涯规划意识,这既是新课改的要求,也是作为一线教师应自觉承担的责任

《装在套子里的人》教学设计方案

赵艳伟

课型	新授课	课题	装在套子里的人	教材版本	人教版
年级	高一	课时	1课时	授课教师	赵艳伟
课程标准	尊重学生的课堂主体地位,运用新颖的教学方法策动并促成主体阅读,引导学生自主合作探究,结合小说三要素等多方面深入思考,透彻解析人物性格,深度挖掘小说主题;在互动研学氛围中,敢于走出预设,在思维碰撞中形成创生性学习效果,培养学生听说读写能力,激发阅读兴趣,提高阅读鉴赏能力,提升学生文学综合素养				
教学目标	培养学生结合环境分析人物形象的能力;把握别里科夫的社会典型性及沙皇专制的危害; 通过情节概述整体把握文章结构;借助创新性学习活动分析人物性格,把握文章主旨; 通过对社会现实的观察、分析、判断,激发阅读兴趣,丰富人生体验				
教材分析	小说塑造了一个无论做什么事情都害怕出乱子的"合法公民"——别里科夫,他保守孤僻,害怕一切变革,忠诚地捍卫着沙皇统治,辖制着身边的每一个人,可怜又可恨,既是卫道士又是牺牲品,既是帮凶又是受害者。19世纪末的沙俄,这样的"别里科夫"到处都是。如何借助环境分析人物性格,如何准确把握小说主题,是重点,也是难点,更是教师的思考点				
学情分析	学习了《祝福》《林教头风雪山神庙》之后应该能比较顺利且完整地概括故事情节,但结合外界环境分析人物性格的能力有待提升,准确把握人物形象的典型社会意义和社会批判性,是本节的重难点,有必要设置新颖的学习活动,激活兴趣点,调动积极性,从而快速把握人物形象,理解文章主旨				
生涯设计	本节课有职业生涯规划渗透,借编导、刑侦和心理辅导活动体验这种新型教学方法,既能激发学生阅读兴趣,又能引领学生从兴趣点出发,树立远大理想				
重点难点	重点	借助环境分析别里科夫性格的成因,把握人物的典型意义			
	难点	结合环境认识人物性格的形成和发展,体味文章的社会批判性			
设计思路	整体把握故事情节的基础上,用编导角色改变文章结构,了解倒叙插叙的好处;再借专案组立案调查的活动引导学生主动研读文本,充分发挥想象,结合外界环境分析人物性格,交流探究别里科夫的死因,掌握其性格的二重性和文章主旨;最后拓展延伸,借助心理辅导活动和职业生涯规划帮助别里科夫走出困境,以便更加深刻领悟主旨				
教学方法	场景模拟,自主探究,合作交流,任务驱动				

教学过程	手段	教师活动	学生活动	教学设计意图
导入新课	课件展示	导入语:19世纪末俄国伟大的批判现实主义作家,幽默讽刺大师契诃夫说:"世界上没有一个地方像我们俄罗斯这样,人民受到权威的如此压制;俄罗斯人世世代代奴性的贬损,害怕自由……我们被奴颜婢膝的虚伪折磨得太惨了。"所以他的小说和戏剧用犀利的文笔直剖现实。今天我们随着他的笔触走进沙俄,去看看那个《装在套子里的人》	明确19世纪末俄国的社会背景及其特点,明确学习内容	从契诃夫对俄罗斯的评价入手,创建情景,激发学生的学习兴趣,调动学生探讨问题的积极性
讲授新课	1. 自主探究:交流	任务驱动1:要求学生在预习基础上,概述文本内容,梳理故事情节	明确小说的组成部分各部分主要内容	整体把握文章故事情节
	2. 编导活动:模拟	任务驱动2:如果你是编剧或者导演,你将如何安排情节?阐述理由。 提示:本文是契诃夫根据该中学教师布尔金同兽医伊凡·伊凡尼奇的谈话而写下的关于别里科夫故事的一篇小说	学生发挥想象,调整情节结构:倒叙、插叙	整体把握故事情节,通过比较掌握倒叙、插叙、正叙、转述的好处
	课件展示	在刚才的交流中,我发现好多编剧和导演的潜力股!将来可以考虑编导专业。 引领学生了解戏剧影视文学专业和导演专业,推荐与之相关的院校	了解戏剧影视文学和导演专业及将来就业渠道	帮助学生挖掘兴趣点,引导学生做职业生涯规划
	场景模拟	1. 要求学生创设穿越情境 组建专案调查小组,研读文本,结合外界环境探究别里科夫的死因。 2. 提供调查报告模板 要求:分组行动,明确分工,根据个人喜好自由选择小组;确定组长和执笔记录员,形成文字,汇总形成调查报告。 提示:注意刑侦先后顺序;调查所有嫌疑人	学生商讨确定成立5个调查小组;嫌疑人调查小组再二次分组	模拟刑侦调查,点燃学习热情

讲授新课	刑侦模拟	1.组织学生在充分预习的基础上,用体验式活动合作探究别里科夫的死因。 2.组织学生交流。在此过程中,注意引导学生结合外界环境,站在不同视角上分析人物性格,客观、全面地探究死因并说明理由。 3.引导同学们通过交流共同商讨结论,完成调查报告。 4.可怜之人必有可恨之处,别里科夫的遭遇让人唏嘘不已,又让人咬牙切齿。用简单一句话概括别里科夫的形象	研读文本,从不同环境、不同人物视角分析别里科夫死因;分析概况别里科夫的二重性格	培养合作探究意识,激发学习兴趣,提高学习效率;结合不同环境全面客观地把握人物形象,初步理解文章主旨
	课件展示	"别里科夫死因"专案组刑侦任务暂时告一段落,这次的刑侦模拟体验活动一定激活了好多人童年的刑侦梦,又与多少人的警察梦想产生了共鸣!引领学生了解刑侦相关专业与技术,推荐相关的院校	了解刑事科学技术专业和刑事侦查专业	帮助学生了解兴趣点,引导学生做职业生涯规划
	合作交流:心理辅导模拟	1.引导学生思考交流:现实生活中有没有"别里科夫"?如果他在我们身边,我们可以为他做点什么? 2.组建"拯救别里科夫"团队,商讨解决办法	交流:现实生活中也有"别里科夫",可做心理疏导等	联系现实,了解性格对命运的影响,同时培养学生合作意识和解决问题能力
	课件展示	在我们帮助"别里科夫"的时候,都在运用心理学为他做心理疏导,甚至想要为他换一个必须循规蹈矩、小心谨慎才能做好的工作,重新为他做职业规划。引领学生了解心理学相关专业与技术,推荐相关的院校	了解心理学的相关专业和职业生涯规划方面的知识	帮助学生了解兴趣点,引导学生关注心理咨询、心理疏导和职业生涯规划
	课件展示	和学生共同总结文章主题:批判沙俄政府的专制统治,民众对自由的追求与向往	与教师一起总结归纳	深刻领悟文章主旨,德育渗透:明确现有生活的优势及未来努力的方向

课堂小结	今天我们做了编导,改变了故事情节的结构,让这个故事充满了悬疑色彩;又穿越时空,重回 19 世纪末的沙俄,专案调查组成员配合默契,通过对外界环境的调查走访,全面分析了别里科夫的二重性格,精准断定了死因;最后化身为心理咨询师,帮助别里科夫走出抑郁的影子,甚至站在职业生涯规划师的角度,为别里科夫调整了工作。别里科夫如果就在我们的国家、我们的身边,那么他是幸运的,一定也是幸福的!因为这里没有专制,没有动荡,有民主,有安宁! 教师寄语:愿在座各位有志青年珍惜拥有,实现梦想!愿世界和平,人人快乐!
课后作业	请你给别里科夫写封信,帮助他尽快摆脱抑郁的套子。要求:可独立完成,可合作完成
板书设计	
教学反思	优点:思路清晰,学生职业模拟活动贯穿课堂,点燃了学习热情,提高学习效率;以自主探究和合作交流为主,职业生涯规划渗透无痕。 不足:活动模拟简单,应该多准备一些道具,让场景更真实;刑事调查交流过程中,教师引导学生多多关注人物性格特征,对学生交流多有打扰,不如让教师模拟警长,参与到刑侦活动中

《中国建筑的特征》教学设计方案

杨春辉

课型	新授课	课题	中国建筑的特征	教材版本	人教版
年级	高一	课时	1课时	授课教师	杨春辉
课程标准	本单元属于必修课程"实用性阅读与交流"任务群,《普通高中语文课程标准(2020年修订)》指出:"本任务群旨在引导学生学习当代社会生活中的实用性语文,包括实用性文本的独立阅读与理解,日常社会生活需要的口头与书面的表达交流。通过本任务群的学习,丰富学生的生活经历和情感体验,提高阅读与表达交流水平,增强适应社会、服务社会的能力。"				
教学目标	1.通过阅读课文,引导学生抓住关键语句厘清文章结构,把握文章主要内容,初步认识中国建筑的特征。 2.理解作者对这些特征背后带有普遍性的规则的论述,深化对中国建筑的认识,从而自觉地继承民族优秀文化传统。 3.通过使学生了解梁思成的生平及其在建筑史上的重大贡献,对学生进行生涯唤醒				
教材分析	《中国建筑的特征》是一篇关于中国建筑的论文,有比较浓厚的学术色彩。文章条分缕析地介绍了中国建筑的九大特征以及表现出这些特征的原因,展示了中国建筑在世界建筑史上的独特地位和重大价值,语言平实,表达准确,逻辑清晰,有利于发挥优秀传统文化的育人功能,传扬千年文化,实现文化强国,唤起学生的生涯意识				
学情分析	高一年级的学生在第一学期已经接触过说明文,对这种文体有一定的阅读基础,但是对于建筑类的文章学生阅读较少,且对中国建筑的特征及风格了解不多,对于相关的行业知识知之甚少				
生涯设计	本堂课的设计意在使学生了解世界上一些著名建筑的风格,掌握中国建筑的特征,深化学生对中国传统文化的认识,同时利用创设情境、角色扮演等方式,激发学生对建筑方向相关工作的兴趣,引导学生更深入地了解中国建筑史,以期待学生能够增强民族自豪感和树立文化自信心,从而达到生涯唤醒的目的				
重点难点	重点	理解作者对这些特征背后带有普遍性的规则的论述,深化对中国建筑的认识,从而自觉地继承民族优秀文化传统			
	难点	了解梁思成的生平及其在建筑史上的重大贡献,对学生进行生涯唤醒			

设计思路	本节课以唤醒学生职业生涯意识为目标。通过三个基本学习任务,设置四个学习活动,对中国建筑特征进行分析,对中国建筑的"文法"和民族建筑之间"可译性"及写作背景进行探究,激发学生对科学探究的兴趣和热情,深化学生对中国建筑的认识,从而自觉地继承民族优秀文化传统,进而唤醒学生的生涯意识			
教学方法	情境创设法、任务驱动法、归纳法			
教学过程	手段	教师活动	学生活动	教学设计意图
导入新课	图片导入	播放历史上有代表性的建筑图片,展示情境任务,导入新课	领略不同风格的建筑,感叹建筑的神奇,建筑师的伟大,进入情境完成学习任务	创建承办世界建筑文化博览会,受命设计中国建筑博物馆的情境,激发学生的学习兴趣,调动学生探究问题的积极性,唤醒学生的生涯意识
讲授新课	课件展示(任务一)	任务一:常识介绍研讨问题 给学生展示梁思成的生平及其在建筑史上所做出的贡献。 利用视频给学生介绍中国古建筑六大流派及特点	活动一: 概括九大特征,并说说哪些属于结构特征,哪些属于装饰特征。 思考作者是按照怎样的顺序来介绍九大特征的	1.激发学生对梁思成先生产生敬慕之情、对中国建筑史产生热爱之情,从而对建筑行业产生向往之情。 2.培养学生快速归纳、整理信息的能力

		任务二:细读文本 加深理解 1.把握核心概念,理解建筑特征,完成下面表格	活动二: 1.把握核心概念,完成表格。 2.思考梁思成先生为什么提出中国建筑的"文法"和民族建筑之间的"可译性"问题	引导学生通过把握核心概念进一步理解中国建筑的风格和手法。同时引导学生利用对文章大小的感觉经验来体会建筑规模大小的不同,让学生获得感性认知,进一步进行生涯唤醒
	课件展示(任务二)	<table><tr><td>语言和文学</td><td>建筑学</td></tr><tr><td>词汇</td><td></td></tr><tr><td>文法</td><td></td></tr><tr><td>文章</td><td></td></tr><tr><td>大文章</td><td></td></tr><tr><td>小品</td><td></td></tr><tr><td>可译性</td><td></td></tr></table>		
讲授新课	课件展示(任务三)	任务三:合作探究 总结课堂 1.给学生展示梁思成先生在什么样的背景下立志完成中国建筑史的研究的视频。 2.给学生介绍这篇文章的文体知识及文章结构。 3.引导学生探究作者提出各民族建筑之间的"可译性"的深意,避免孤立、封闭地理解中国建筑的"特征",将建筑"特征"的外延延伸到文化的层面	活动三: 思考梁思成先生提出各民族建筑之间的"可译性"问题有什么深刻意义。 活动四: 梁思成先生为什么要写这篇文章?请结合时代背景谈谈你的看法	引导学生具有家国情怀、世界视野,辩证地看待世界建筑的共性和个性,把中国的建筑体系融入世界建筑体系,提高民族自信心。 引导学生对梁思成先生产生仰慕、敬爱之情的同时,培养学生的家国情怀,从而形成自觉地保护传承优秀传统文化的意识
	课件展示(情境任务)	回归情境:你所在的城市承办世界建筑文化博览会,你受命设计一座中国建筑博物馆,要求必须体现出中国传统建筑特征和现代生活元素的有机结合。请以《中国建筑的特征》为博物馆设计的理论依据,用文字介绍你的设计方案和设计理念	用文字介绍设计方案和设计理念	引导学生在把握课文内容的同时,根据自己对中国建筑的特征的了解完成情境任务中对中国建筑博物馆的设计方案

| 讲授新课 | 课件展示(补充资料及拓展延伸内容课件、视频展示) | 补充资料：
1.视频：《一分钟带你了解中国古建筑6大流派》——抖音号：76559672676
2.视频：《一分钟了解关于你不知道的梁思成》——抖音号：1615361461
3.顾学文《梁思成：一念执着》
4.梁思成《清式营造则例》
5.梁思成《图像中国建筑史》
拓展延伸：
试着换一个叙述者，比如以建筑工匠、文物保护志愿者或旅游爱好者的身份介绍中国传统建筑，写一则发言提纲。
知识补充：
1.建筑工匠是指在建筑行业从事技术性工作的人员，他们负责建筑物的施工、装修和维护工作。需要掌握建筑材料与构造、建筑施工技术等知识。
2.文物保护与修复专业属于本科专业，修业年限为四年，属于艺术学中的美术学，需要理化、历史、文物考古的一般知识，又需要掌握材料的合成、分析文物修复等实际技能，能在考古、博物馆、文物考古机构从事文物保护与研究工作；需要学习语文、政治、高等数学、英语、计算机基础等公共基础课程及考古学概论、文物学概论、博物馆学概论、普通化学实验、有机化学实验、分析化学及实验、普通物理学、防腐防霉杀菌概论等。我国是文物考古大国，考古人员缺乏，毕业生主要在文物旅游行政管理部门、文博单位、拍卖典当企业、文化公司、旅游区、博物馆从事文物管理、文物鉴定、文物修复、文物讲解等工作。目前开设文物保护与修复专业的学校有鲁迅美术学院、太原理工大学、南京艺术学院、大连艺术学院等 | 转换职业身份介绍中国建筑写发言提纲
了解建筑工匠所从事的工作内容
了解文物保护与修复专业的专业性质、专业知识、研究的方向及将来的从业方向等内容 | 引导学生以不同的身份，用不同的视角介绍中国建筑的特征，从而完成对学生的生涯唤醒
为了能让学生转换身份介绍中国传统建筑，我引导学生了解建筑工匠所从事的工作内容及文物保护及修复专业所需掌握的专业知识及就业前景等相关知识 |

课堂小结	作者运用简练、严密、明晰的语言,通俗易懂地阐明了中国建筑体系在世界各民族数千年文化史中的地位、地理分布、形成年代和历史意义,重点概括了中国建筑在结构和装饰上的基本特征,提出了中国建筑学的"文法"理论以及世界各民族建筑之间的"可译性"问题。文章充分体现了作者的美学思想,字里行间透露着深刻的民族自豪感,表达了作者对我国建筑优秀传统的珍视
课后作业	梁思成作为建筑学家,他的介绍体现出极强的专业性和文化修养。试着换一个叙述者,比如以建筑工匠、文物保护志愿者或旅游爱好者的身份,介绍中国传统建筑写一则发言提纲
板书设计	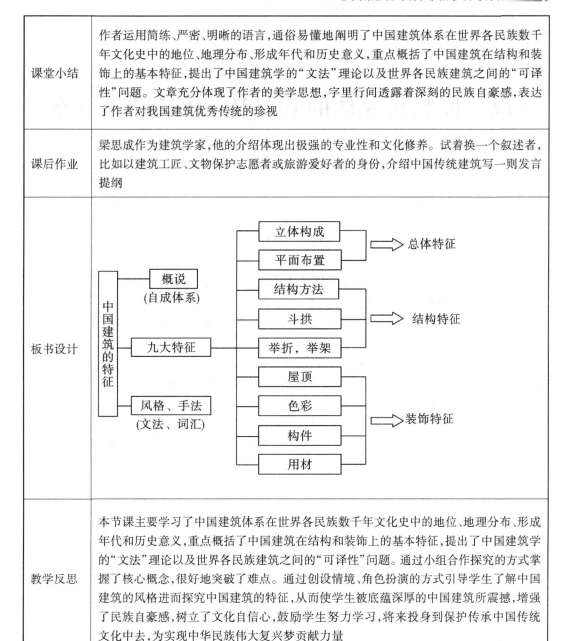
教学反思	本节课主要学习了中国建筑体系在世界各民族数千年文化史中的地位、地理分布、形成年代和历史意义,重点概括了中国建筑在结构和装饰上的基本特征,提出了中国建筑学的"文法"理论以及世界各民族建筑之间的"可译性"问题。通过小组合作探究的方式掌握了核心概念,很好地突破了难点。通过创设情境、角色扮演的方式引导学生了解中国建筑的风格进而探究中国建筑的特征,从而使学生被底蕴深厚的中国建筑所震撼,增强了民族自豪感,树立了文化自信心,鼓励学生努力学习,将来投身到保护传承中国传统文化中去,为实现中华民族伟大复兴梦贡献力量

《以工匠精神雕琢时代品质》教学设计方案

徐少飞

课型	新授课	课题	以工匠精神雕琢时代品质	教材版本	人教版
年级	高一	课时	1课时	授课教师	徐少飞
课程标准	根据《普通高中语文课程标准(2020年修订)》,结合本课内容要求,"可以辨识、分析、比较、归纳和概括基本的语言现象和文学现象,并能有理有据地表达自己的观点和阐述自己的发现"。在学习过程中,学生了解新闻评论的基本写作特点,把握文章的主要观点,掌握其论证方法、论证思路,促进思维发展,培养学生思维发展与素养提升					
教学目标	1.了解新闻评论的题材特点,厘清文章脉络结构。 2.深入理解工匠精神所表现出的时代美,理解新闻评论的舆论导向性,体会其有的放矢、直面现实的新闻品格。 3.深入理解工匠精神的内涵和时代意义,弘扬、践行工匠精神,体悟劳动的价值和意义					
教材分析	《以工匠精神雕琢时代品质》为新闻评论,新闻评论要运用正确的观点方法评析现实社会中的现象,透过现象看本质,具有鲜明的意旨和明确的导向,旨在帮助人们提高思想认识,指导社会实践。学生通过学习本文,进一步了解新闻评论的基本写作特点,掌握其论证方法论证思路。理解并感悟工匠精神,培养文化传承的素养					
学情分析	高一学生已基本具备了一定的语文素养和阅读能力,但新闻时评这种文体首次接触,学生对这类文体知识掌握得相对薄弱,需要教师进行指导和引领。学生对工匠精神的理解不够深入,需要教师通过引导和启发,让学生在阅读和思考中逐渐领悟工匠精神的内涵和意义					
生涯设计	将文本与职业生涯有机结合,旨在通过深入学习文本,重点引导学生结合文体知识"新闻评论"对新闻媒体工作者这一职业有初步认知了解,其次结合文本内容对"工匠精神"进行深入感悟,总结传统意义上的"工匠"和新时代的"工匠"涉及行业领域等,进一步增强学生职业认知意识,扩展学生职业认知范围					
重点难点	重点	理解新闻评论的议论性,厘清文章脉络结构,理解评论的舆论导向性;学习文章联系社会现实提出观点并合理阐述的写法,体会其有的放矢、直面现实的新闻品格				
	难点	仔细品读有关"工匠精神"的论述,理解工匠精神的内涵和时代意义,自觉拒绝社会上的浮躁风气、短视心态等不良行为,传承并践行工匠精神				

设计思路	本篇新闻评论内容契合本单元"劳动光荣"育人目标,语言大气又不乏文采,能够提高学生的语言素养。文章整体思路较为明确,但由于缺少中心句,因而段意并不十分明确,不利于学生理解。本教学设计从"工匠精神""时代品质"两个维度解析本文的结构思路,有助于学生对文本内容的把握			
教学方法	观察法、讨论法、小组合作探究法、点拨法			
教学过程	手段	教师活动	学生活动	教学设计意图
导入新课	播放《大国工匠》视频	教师:在2016年召开的第十二届全国人民代表大会第四次会议上,时任国务院总理李克强在政府工作报告中提出"要鼓励企业开展个性化定制、柔性化生产,培育精益求精的工匠精神"。"工匠精神"一词首次写入了政府工作报告。这一节课让我们来走进"工匠精神"	谈一谈观看视频之后的观后感	通过声像导入引导学生,对文本有初步的认识

| 讲授新课 | 课件展示(任务一:新闻评论的题材特点;厘清文章脉络结构。

任务二:辨明本文呈现的新闻事实,分析本文的新闻观点,体会本文联系现实针对说理的特点。

任务三:梳理本文论述思路,评点写作特色,体会本文如何辩证地论述"工匠精神"的内涵和价值) | 知识链接:新闻评论文体知识。
1.请同学们结合文本内容,筛选关键语句,辨明新闻事实。思考:我们这个时代有什么特征,还有哪些不完善?
2.请同学们结合文本内容,分条概括"工匠精神"包含哪些内涵。
3.请同学们阅读文本,筛选信息,思考"工匠精神"有哪些价值。请分层概括表达出来。
4.请同学们再次阅读文本,梳理本文论述思路。
5.请同学们说说本文哪些写作上的特点让你印象深刻。各小组讨论、交流,整合观点后在全班分享。
教师提示:可从思路结构、论证方法、修辞方法、语言风格等各方面留意 | 小组讨论归纳:
我们当下"迎来了一个更加注重精细品质和独特体验的时代",但是人们的职业品质、专业精神参差不一,社会上还存在着"浮躁风气"和"短视心态"。
工匠精神的内涵:个人职业态度层面,精益求精,爱岗敬业;企业精神层面,重视创新,追求卓越;人生信念层面,专注忘我,超然达观。
可分为个人层面、国家层面和文明层面。
第一段:
第二段至第四段阐发工匠精神的内涵和价值,具体如下:
第二段:
第三段:
第四段:
第五段:
论证方法:
(1)道理论证(引用论证)
(2)对比论证
(3)类比论证
(4)假设论证 | 从新闻评论标题出发,引导学生在熟读文本、筛选关键语句的基础上,明确本文立论的现实缘由与时代背景。
指导学生阅读文本,筛选信息,从技艺追求、职业态度、企业精神乃至人生信念等层面归纳概括本文核心概念"工匠精神"的内涵。理解把握这篇新闻评论"工匠精神是什么"的问题。
引导学生通过阅读文本,筛选整合信息,进而领会"工匠精神"在当下时代的现实价值。理解把握这篇新闻评论"为什么要坚守发扬工匠精神"的问题。
引导学生细读文本,注意文中提示论述层次的言语,厘清本文论述思路。此是读论说文的难点,通过议论提纲填空补完的方法,降低难度,帮助学生把握论述思路 |

课堂小结	本文写于"中国制造"向"中国创造"奋进的伟大时代。作为新闻评论,本文从眼前发生的新闻事实出发,层层拓展,赋予古老的工匠精神以新鲜的现实意义。工匠精神重在其心。不必人人为工匠,而人人都可践行工匠精神,我辈青年学生自然也更是如此。专注忘我,精益卓越的工匠精神将从我们每个人身上开始,铸就新时代的品质
课后作业	运用引证法论证"不走寻常路",200 字左右
板书设计	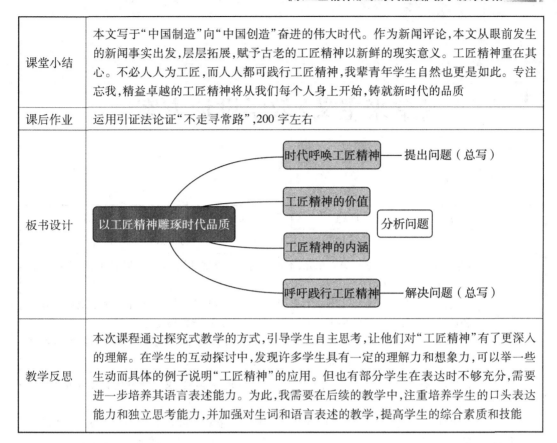
教学反思	本次课程通过探究式教学的方式,引导学生自主思考,让他们对"工匠精神"有了更深入的理解。在学生的互动探讨中,发现许多学生具有一定的理解力和想象力,可以举一些生动而具体的例子说明"工匠精神"的应用。但也有部分学生在表达时不够充分,需要进一步培养其语言表述能力。为此,我需要在后续的教学中,注重培养学生的口头表达能力和独立思考能力,并加强对生词和语言表述的教学,提高学生的综合素质和技能

《拿来主义》教学设计方案

黄贺琪

课型	新授课	课题	拿来主义	教材版本	部编版
年级	高一	课时	1课时	授课教师	黄贺琪

课程标准	《拿来主义》选自必修上第六单元,本单元属于"思辨性阅读与表达"任务群,本任务群学习目标与内容有: 1.阅读古今中外论说名篇,把握作者观点、态度和语言特点,理解作者阐述观点的方法和逻辑。在阅读各类文本时,分析质疑,多元解读,培养思辨能力。 2.学习表达和阐发自己的观点,力求立论正确,语言准确,论据恰当,讲究逻辑,学习多角度思考问题。学习反驳,能够做到有理有据,以理服人
教学目标	1.通过总结"主义"的意义,引导学生关注国家政治、经济、文化等领域的实事事件和动向。 2.通过分析国民党政府的具体行为和语言,学生能够理解并说出"送去主义"的本质及危害。在明确"送去主义"的实质和危害的基础上体会当时国家政治的腐败和国家的屈辱。 3.借助对"主义"的理解,领会政治、经济等综合实力的增强对民族文化自信和综合国力提升的影响,从而培养学生对政治学、经济学的兴趣
教材分析	《拿来主义》选自高中语文必修上第六单元,本单元的选文以说理为主,《拿来主义》是一篇针砭时弊的议论性杂文,强调对学生逻辑思维能力的训练和提取信息能力的培养,注意学习作者提出问题、分析问题、解决问题的方法,将观点与材料紧密结合,以小见大,感受作品深刻思想的能力。本文写作于1934年,具有极其丰富的历史背景,议论举例皆有所指,隐含丰富史实,所以教师在教学时应着重引导学生注意从不同思考、质疑或阐发作品,锻炼学生的思维能力,掌握论述类文本的说理方法
学情分析	按课程标准规定,对于《拿来主义》的学习是在高一下学期,接近高中语文必修上学习的尾声,这一阶段的学生已有了基本的语文素养,对作者鲁迅及其写作风格学生较为熟悉,授课过程中可兼顾对旧知识的复习。这是高中阶段学生第一次接触到议论性杂文,对文体的讲解必不可少,这也是学生了解鲁迅杂文特色的良好时机,还应重点介绍鲁迅杂文辛辣幽默的语言特色,感受议论性杂文的独特魅力。本课学习的重点是对作者论述思路的把握,学生阅读逻辑思维能力的训练,进而体会作品思想情感的深刻性
生涯设计	通过理解中国当时的"经济困境"和"政治困境",激发学生的爱国情怀,培养学生对政治学、经济学的兴趣,引导学生树立民族文化自信

重点难点	重点	帮助学生总结出"送去主义"的实质和危害		
	难点	借助对"主义"的理解,领会政治、经济综合实力的增强对民族文化自信的影响		
设计思路		通过分析闭关主义、送去主义、拿来主义、象征主义,培养学生的爱国意识,引导学生从政治、经济层面思考对增强我国综合国力和民族文化自信的重要作用		
教学方法		1. 讲授法:通过教师讲解,学生体会精微意象表达出委婉含蓄之感。 2. 问答法:通过在课堂上的提问与追问,激发学生的兴趣,引发学生的思考		

教学过程	手段	教师活动	学生活动	教学设计意图
导入新课	课件展示	一、导入 通过预习,我们了解作品的写作背景,并初步感知课文内容,知道《拿来主义》是鲁迅所作的一篇针砭时弊的杂文。鲁迅先生称自己所作的杂文为"投枪匕首",投枪和匕首尖锐、锋利,枪锋白刃上泛着寒光,并朝向敌人最致命的地方刺去。本节课我们就来学习一篇语言辛辣,鞭辟入里的杂文《拿来主义》,一起领会《拿来主义》这杆银枪,到底刺向何处	体会杂文为何被称为"投枪匕首",回忆鲁迅作品语言犀利、讽刺辛辣的风格	让学生知道杂文的价值和意义,并初步感知文章主旨
讲授新课	课件展示(投影仪、板书)	二、明确概念"主义" (一)学生讨论"主义" 1. 提问:既然这杆银枪叫作"拿来主义","拿来主义"是针对什么提出的? 明确:是针对文章中其他主义提出的。 迅速浏览课文,找出文章中有哪几种主义。 明确:闭关主义、送去主义、象征主义、拿来主义。 2. 提问:何为"主义"? 明确:"主义"这个词在现代汉语词典上有多种解释,但是在一篇文章中,一定有一个相对固定的解释。 仔细品味,找出四个"主义"中一个与其他三个略有不同的"主义"。 明确:象征主义,结合课下注释,象征主义是一种艺术流派。因此,很明显象征主义只是作者所选取材料中的一个细节,与作者想要表达的观点联系不大。在这篇文章中,更加重要的是"闭关主义""送去主义"和"拿来主义"	1. 找到文中的几个"主义"。 学生思考"主义"的解释,说出多种答案,但难以形成统一回答。 2. 学生根据老师提示迅速匹配到"象征主义"	1. 找到文中的"主义",并思考"拿来主义"和其他主义的关系 2. 引发学生思考,使学生陷入困境,激发学生的求知欲。强烈求知欲和恰当提示结合,帮助学生迅速理解较难的问题,排除与论点关系较小的干扰选项

讲授新课	课件展示(投影仪、板书)	3.链接文本: (1)中国一向是所谓"闭关主义"的,自己不去,别人也不许来。 (2)……到现在,成了什么都是送去主义了。别的且不说吧,单是学艺上的东西…… (3)……我只想鼓吹我们再吝啬一点,"送去"之外,还得"拿来",是为"拿来主义"。 明确:看向关键词出现的前后,很明显,这三种"主义"都是在指导"行为",所以,现在我们可以把本文的"主义"概括为:行为的指导原则。 (二)小结 阅读文章就像探秘寻踪,要想弄清模糊的位置上,作者究竟要向我们传达什么,就要联系上下文,逐层揭开它的面纱。接下来,我们来体会,20世纪30年代的中国在这些原则的指导下,将走向何处。 三、送去主义的实质 (一)从闭关主义到送去主义 中国一向是所谓"闭关主义",自己不去,别人也不许来。既然从来都是"闭关主义"为何又变成"都"是"送去主义"?("一向""都"正是对原则的贯彻。) 明确:闭关锁国政策导致中国与世界脱轨,因为"被枪炮打破了大门"还"碰了一串钉子",既挨了打,又吃了亏,腐朽落后的统治让中国无力反抗,只能讨好。 (二)送去主义的实质 1.国民党政府讨好帝国主义的方式就是"送去主义","别的且不说,单是学艺上的东西……可见送了很多"这里只提到了学艺方面的。 结合文本,找出都送去了什么。 明确:古董、画、活人	3.定位到三个关键词所在的位置,结合关键词前后句,发现几种"主义"都是指向某些行为方式的。 4.理解"主义"的意思是"行为的指导原则",思考这些"主义"指导哪些行为。 5.回顾闭关锁国政策导致的中国的屈辱史,迅速找到实行"送去主义"的原因。 6.浏览课文找出送出去的东西,体会"送去主义"所送出去的不只是学艺上的,而是方方面面的。 7.根据"送去"这一行为,体会国民党政府卖国媚外的虚伪本质	3.把词语放到具体文段中,用实例推出解释,更让学生印象深刻。同时让学生掌握联系上下文理解词语的阅读方法。 4.交代实行"送去主义"原因,为理解下文做铺垫。 5.由粗到细、由总到分逐步分析课文。体会作者想要表达的思想和写作思路,跟随作者思路前进。 6.先体会"送去主义"的行为实质是卖国媚外,再通过文章充满辛辣讽刺的语言体会卖国者"媚外"的丑恶嘴脸。 7.为"拿来主义"的合理性做铺垫。 8.从反语"丰富"和"大度"入手,让学生体会鲁迅语言的讽刺性

| 讲授新课 | 课件展示(投影仪、板书) | 2. 这些东西送出去的结果是什么?
明确:但我们没有人根据"礼尚往来"的仪节,说道:拿来! 国民党政府用人民的财产来讨好帝国主义,以维护自己岌岌可危的统治地位,这种行为是什么? 卖国媚外。

3. 卖国是只往外送自己国家的财产,那媚外这一点作者是如何体现的? 结合文本分析,国民党政府是怎样的卖国行径,又是怎样的一副媚外嘴脸。
(课件展示)

（表格见下）

(三)小结
可见,国民党政府执行送去主义的行为本质,就是卖国媚外。清政府实行"闭关主义",闭关主义最终变成了一项闭关锁国政策,让中国闭塞视听,发展停滞,沦入百年耻辱,国民党政府实行"送去主义",若照此原则发展下去,后果令人胆寒。

四、送去主义的危害
鲁迅先生说,能够送出去也不算坏事情,一者见的丰富,二者见的大度。(反语)作者举了两个例子:一个是尼采,一个是中国。尼采自诩为太阳,以为自己光热无穷,最终发了疯。中国亦非太阳,也并非取之不尽,用之不竭,若以不尽取之,以不竭用之,结果是什么?
丰富:中国物产丰富—拿不出东西—经济方面 | 8. 开始思考卖国媚外的危害,以失败的尼采为例,思考国家命运。品味反语的运用。

9. 学生从"丰富"到"拿不出",看出中国的经济困境,从"大度"到"讨",体会国家尊严的丧失。

10. 学生畅所欲言,谈谈自己能够为民族文化自信的提升做出哪些努力 | 9. 从国家和个人两方面分析,丰富和大度是反语,反语的真实意义就是"送去主义"的后果,最后从两个方面给出结论

10. 潜意识引导学生在政治学、经济学等专业方向思考自己的未来发展道路,进而培养当代青年的社会责任意识和社会担当精神 |

卖国行径		媚外嘴脸	
物品	地点	借口	方式
古董	巴黎	展览	先送
画	欧洲各国	发扬国光	捧着一路挂过去
活人	苏联,再到欧洲	催进"象征主义"	还要送
数量多	范围广	粉饰罪恶	形式诡媚

		大度:中国人大度—讨—尊严丧失—政治方面 这种磕头贺喜讨来的奖赏,是没有选择权的,是被动接受的。一个国家,沦落至此,经济上要靠向别国乞讨,说明经济衰败,靠嗟来之食过活自然是受制于人,还说明国家主权丧失。所以,继续实行送去主义的结果就是:经济衰败、主权丧失。 五、拓展提升 1.经济衰败、主权丧失,不正是鸦片战争以来中国的境遇,人民生活在水深火热之中,毫无国家形象和国家尊严,国将不国,人民将一步步沦为奴隶,中国该何去何从?鲁迅先生用一把银枪刺破了国民党自欺欺人的伪装,揭露了他们卖国媚外的真实面目,斩断了闭关主义和送去主义两条死路,又用这杆银枪挑出一条新的道路:拿来主义。 2.同学们通过对于送去主义的理解,也必然会认为政治的独立主权以及经济的综合实力对我国综合国力的提升和民族文化自信的培养至关重要。请同学们结合自己的实际学习和生活情况,规划自己的未来发展道路,谈一谈你怎样为民族文化自信的提升献出自己的绵薄之力		
讲授新课	课件展示(投影仪、板书)			
课后作业	这节课,我们分析了"送去主义"的实质和危害,请同学们结合第四自然段试着分析作者提出的"抛来""抛给""送来"三者有何区别,以此结合自己的实际生活和学习情况,拟定一份自己的未来发展规划书			
板书设计	**拿来主义** 闭关主义 送去主义 ——→ 卖国 经济:经济衰败 拿来主义 象征主义 ——→ 媚外 政治:主权丧失			
教学反思	本节课在帮助学生总结"送去主义"的实质和危害的过程中,缺少学生的自主探究活动。引导学生理解经济衰败、主权丧失导致的当时中国经济困惑和政治困惑时,应该顺势让学生谈一谈政治、经济层面对于提升民族文化自信的重要影响			

《中国建筑的特征》教学设计方案

宋艳伟

课型	新授课	课题	中国建筑的特征	教材版本	人教版
年级	高一	课时	1课时	授课教师	宋艳伟
课程标准	从整体上把握文本内容,厘清思路,概括要点,理解文本所表达的思想、观点				
教学目标	1.通过创设情境,设置任务,走近作者梁思成,了解中国建筑的特征。 2.厘清作者的说明线索,理解作者引入语言学概念阐释中国建筑特征的深刻用意。 3.增强学生的文化自觉,提高文化自信,激发学生对中古建筑的热爱、保护和传承的热情,并积极投身于建筑事业				
教材分析	本课是一篇关于中国建筑的知识性论文,属于自读课文,学术色彩较浓,语言严密准确,阐述原理的思路清晰				
学情分析	作为说明文,本文和其他说明性文章一样,缺乏趣味性,在讲解过程中的生动有趣是教师在授课过程中必须做到的				
生涯设计	中华民族有着悠久灿烂的物质文化,这些或作为遗产保存了下来,或多有破损遗失。作为新时代的青年,要对我国古代建筑有着无限的热爱之情,并承担起对建筑的传承工作,无论是在实物的传承上,还是精神层面的宣扬上,都需要我们每一个人发光发热,积极投身于建筑学相关专业:土木工程、风景园林、室内设计技术、园林工程技术、城市规划、建筑装饰工程、工程造价、建筑水电技术、给排水工程技术、城市燃气工程、环境艺术设计、消防工程技术等				
重点难点	重点	认识中国建筑的特征,厘清作者的说明线索			
	难点	明白作者引入语言学概念来阐述建筑特征的深刻用意			
设计思路	本课安排两课时完成,总共三个环节,分别是情境导入、思维导图梳理文本,拓展职业生涯视野,第二环节是难点,第三环节是重点				
教学方法	情景设置、任务驱动、点拨法				

教学过程	手段	教师活动	学生活动	教学设计意图
导入新课	课件展示	导入语:著名的清华大学校园中坐落着12座雕像,其中的一座便是梁思成先生。他举止儒雅,面带从容的微笑,双目炯炯有神地凝视着远方的建筑。那是他的心血,是他的孩子,是中华民族智慧的结晶	感叹中国建筑的一代宗师梁思成先生的可敬。思考自己印象里的中国的建筑的特征	从学生感兴趣的大学着手,创设具体的情境,激发学生对本文作者的兴趣,调动起学生走进文本的热情

| 讲授新课 | 课件展示、思维导图 | 1. 课前设置情景，布置具体可行的任务让学生完成。
2. 根据学生们的海报作品和解说情况稍作评价，关于作者留下悬念。
3. 展示正确完整的关于中国建筑的思维导图。
4. 关于中国建筑的文法问题，通过精心、具体的解说，使学生明白作者引入语言学概念的深意。
5. 回归到作者本人，通过文章的学习，让学生对梁思成先生产生无限的敬仰之情，学习作者的爱国精神，能够为中国建筑的保护、传承和宣扬担起一份责任。
6. 教师总结梁思成先生：是他在兵匪满地，行路艰难的旧中国，跋涉在深山老林里，寻觅着中华古代文明的瑰宝，完成了中国人的第一部建筑史；是他发出居者有其屋、城市规划的最高目的是安居乐业的呼喊，为中国城市的理性发展筚路蓝缕；是他搏近全力为中国古代建筑请命，虽是屡战屡败，却痴情不改。

任务一：学校摄影社团将举行一次拍摄活动，主题是"中国古代的建筑"，需要征集大量的建筑图片。该社团请你主持此次活动，设计一张宣传海报，并具体阐述设计的构思和意图。
任务二：学生课下组内完成本文第二部分中国建筑九大特征的思维导图。课上展示，各小组相互补充完善。
任务三：中国建筑的"文法"问题大讨论。在文章的最后一部分，作者引入了语言学概念"文法""词汇""可译性"。各组内探讨中国建筑的文法和词汇分别指什么，各民族建筑间的可译性又该如何理解？各小组争相发言，相互补充，完成这一问题。
任务四：继续探讨作者引入语言学概念的用意是什么？中国建筑的特征和语言学概念有着怎样的联系？最后回归到作者本人。
其一，于内在逻辑上，建筑学和语言学作为两门不同的学科，有着共通点，相关的因素包括民族文化、审美等，作者从文化的视角出发，表达自己的观点。其二，于文学视角上，文中作者运用了比喻手法，使抽象的事物具体化，更符合大众的认知逻辑，有利于广大读者对中国建筑特征的认识 | 学校摄影社团将举行一次拍摄活动，主题是"中国古代的建筑"，需要征集大量的建筑图片。该社团请你主持此次活动，设计一张宣传海报，并具体阐述设计的构思和意图。
要求：
1. 介绍中国建筑的一代宗师梁思成先生，包括生平和成就。
2. 海报要有相应的标题和文字说明。通过小组的合作探究，培养学生合作沟通能力，并通过思维导图的形式引导学生掌握了中国建筑的九大特征 | 通过具体的情境设置和任务驱动，激发学生对本文作者梁思成先生的敬佩之情，深入了解作者及他对中国建筑的贡献，进而体会他在《中国建筑史》中的那句话："中国建筑的个性乃即我民族之性格"，走近作者，走进文本。这部分是本文的重点。要深入研究文本，阐述作者如何将语言学术语引入中国建筑的特征。带领学生精读这一部分，并阐释作者用语言学比喻建筑特征的作用。激发学生对中本文作者的敬仰，和对中国古代建筑无限的热爱之情。并承担起本地区建筑的保护和传承工作，从实际出发，唤醒学生的社会责任感，培养其生涯意识，鼓励学生将来积极投身于建筑的相关专业，造福社会 |

课堂小结	本节课是通过情境的设置和具体任务的驱动来完成教学的,同学们对于自己身份的转换有极高的热情,学习兴趣较浓,思维导图的形式很受学生欢迎,有助于对建筑特征的掌握。同时激发了学生对中国建筑以及建筑行业的兴趣
课后作业	我们最热爱的家乡赤峰,有没有保存完好的传统建筑或城市建筑呢? 如果有,请你为他写一份调查报告。 手段:可以听专家讲座或到博物馆看展览等。 方式: 1. 小组或个人完成均可。 2. 建筑的名称、调查的方式和内容。 3. 写出调查报告。 4. 课堂交流
板书设计	中国建筑的特征 梁思成 一、中国建筑的影响 二、中国建筑的九大特征 三、中国建筑的"文法"和风格
教学反思	本节课主要学习了中国建筑的特征,难点是作者引入语言学概念,阐述中国特建筑特征的作用。通过情境的设置、任务的驱动,走近作者,并借助小组合作完成中国建筑特征的思维导图,最后攻破难点"文法"问题大讨论。学生被作者的人格魅力所吸引,被他如此为文的笔法所吸引,并受到中国悠久物质文化遗产的震撼。体会到生活在物质精神文化都丰富的伟大祖国的自豪。同时也意识到,随着时代的变迁,中国的建筑及建筑文化需要更好地保护、传承与宣扬,老师鼓励学生们积极投身其中,为中国的建筑事业出一分力

《烛之武退秦师》教学设计方案

王仲宁

课型	生涯规划语文学科讲授课	课题	烛之武退秦师	教材版本	部编版
年级	高一	课时	2课时	授课教师	王仲宁
课程标准	学习任务群中都强调了学生学习文言文的重要性,通过文言文阅读,梳理文言词语在不同上下文中的词义和用法,把握古今汉语词义的异同,既能沟通古今词义的发展关系,又要避免用现代意义理解古义,做到对中华优秀传统文化作品的准确理解				
教学目标	1.训练学生古文句读能力和概括能力;了解烛之武说服秦伯的方法——善于利用矛盾,采取分化瓦解的方法,认识烛之武机智善辩的外交才能。 2.学习本文精彩的人物语言——说理透辟、善于辞令,以及起伏跌宕、生动活泼的情节,品味文本之美。 3.正确认识烛之武在国家危难之际,临危受命,不避险阻,只身说服秦君,维护国家安全的爱国主义精神。 4.充分利用课程资源,引导学生树立为既定目标而努力提升自己能力的意识				
教材分析	《烛之武退秦师》是部编版高中语文必修下第一单元第四篇课文。烛之武的时代早已过去,但烛之武的人生之路启示着今天的我们,在平凡的岗位上,应该爱岗敬业;即使暂处逆境,也应该不断磨砺自己。同时昭示我们应该学习古人那种国难当头、不计个人安危得失、顾全大局的爱国主义精神。烛之武的成功就在于他正确把握天下形势,并且熟知历史,洞察秦晋之隙,然后凭他的三寸不烂之舌说服了秦伯退兵。生活是一块磨刀石,只有不断砥砺自己,才能保持永远锐利的锋芒				
学情分析	学生在现阶段,语文文言文基础知识参差不齐,语文基础知识掌握不太牢,整体阅读能力还可以,但学习习惯还不是很主动;学生对未来职业规划比较局限,甚至有学生对此很迷茫,所以除文言文教学任务以外生涯规划任务还是比较艰巨的				
生涯设计	学习《烛之武退秦师》一课,可以引导学生分析烛之武作为一个成功的外交家的语言艺术。让学生去思考外交官这个职业需要具备哪些基本素质,思考自己有没有做外交官的潜质。如果有,想想自己还需要具备哪些条件,怎样去达成这些条件;如果没有,烛之武的好口才也是很值得学习的。进而引导学生想想还有哪些行业需要好口才,学生一般能列举出诸如律师、销售、主持、司仪、公关 HR(人力资源)等一些职业。通过这样的引导,让学生明白拥有好口才对将来的生活是大有益处的,从而唤起他们对口才训练的重视,并有意识地去提升自己的语言表达能力				

重点难点	重点	1.烛之武人物形象的把握。 2.结合历史背景了解春秋时期军事、外交活动中的行为准则,并思考其当今价值		
	难点	1.通过学习本课,对《左传》的语言特点有所了解。 2.引导学生分析烛之武作为一个成功的外交家的语言艺术		
设计思路	在学习文言文知识的基础上,思考想要获得像烛之武这样的外交能力有哪些途径,进而思考自己的不足,最后教师引导学生认识到:想要成为"沟通大师"必须加强语言表达等能力			
教学方法	小组合作探究法			
教学过程	手段	教师活动	学生活动	教学设计意图
导入新课	课件展示	一、识史书 二、解文意 (以上为第一课时内容,所以不再赘述)	通过介绍《左传》来了解背景知识	从史书、姓氏入手,让学生了解基础常识
讲授新课	课件展示(投影仪、板书)	三、析情节 1.指定学生回答:课文讲述了一个什么样的故事? 2.梳理情节 四、赏形象 1.根据"夜缒而出"这一细节,发挥想象,将下面的句子补充完整。 有一位_____的老者,在一个_____的晚上,被放到_____的城外,走进了_____的秦营,这需要_____何等的勇气! 2.自主思考: (1)晋、秦两国为什么围攻郑国? 晋、郑矛盾,与秦无关。为下文叙事埋下伏笔。 (2)郑伯是怎样说服烛之武的? 态度诚恳,勇于自责,并晓之以理。 (3)烛之武用哪些事实和事理说服秦伯退兵?其中哪一点最关键? 亡郑不利于秦;存郑有益于秦;晋国过河拆桥,贪得无厌。 (4)晋文公为什么不愿向秦军进攻? 不仁,不知,不武	任务一:阅读课文,回答问题。 任务二:阅读课文,小组讨论,相互交流,试赏析人物形象。 任务三:朗读第三段,试分析烛之武是如何一步步说服秦伯的。 任务四:结合烛之武的语言艺术解决现实问题	通过小组合作讨论,培养学生合作沟通能力;通过情节的梳理,锻炼学生归纳总结能力 通过自主思考和问题的一步步深入,分析烛之武作为一个成功的外交家的语言艺术

讲授新课	课件展示（投影仪、板书）	五、探艺术 1.指名朗读第三段,注意读出语气。 2.分析烛之武退秦师,为何能够成功。 讨论:烛之武是如何一步步说服秦伯的? 烛之武的语言艺术: 奉承示弱,郑知亡,抬高你 顺势陈弊,若郑亡,削弱你 以利相诱,若不亡,有益你 以史挑拨,揭痛处,离间你 顺势推测,若郑亡,威胁你 陈述利害,君图之,服了你! 仅仅用了125个字,娓娓道来,环环相扣,不仅退了秦军的千军万马,还与秦军结成同盟关系,让秦军帮着戍守郑国。这就是烛之武的撒手锏!更是烛之武的智慧,这就是"史上最智慧的中国好舌头"!! 后人云:大兵压境把郑围,生死存亡势堪危!秦伯帐前七旬翁,寥寥数言大军归! ——语文老师杨华当 六、联现实 介绍外交官需要的基本素质;介绍去达成这些基本素养的方法。 进而引导学生想想还有哪些行业需要好口才?	思考外交官这个职业需要具备哪些基本素质,思考自己有没有做外交官的潜质,如果有,想想自己还需要具备哪些条件?怎样去达成这些条件;如果没有,烛之武的好口才也是很值得学习的	从创建情景,激发学生的学习兴趣,调动学生探讨问题的积极性。通过这样的引导,让学生明白拥有好口才对将来的生活是大有益处的,从而唤起他们对口才训练的重视,并有意识地去提升自己的语言表达能力
课堂小结	暗淡了刀光剑影,远去了鼓角争鸣。那些鲜活的身影却依然存留在人们的心头。像烛之武这样的识大体顾大局,临危受命的勇士,可以说就是国家的脊梁!其劝说的语言艺术更是中国史上的经典!			
课后作业	情景假设:你的同学想要在下次考试中抄袭你的答案,你要如何运用"烛之武的语言艺术"说服他放弃这个想法?字数不少于200字			
板书设计	烛之武退秦师 奉承示弱,顺势陈弊,以利相诱,以史挑拨,顺势推测,陈述利害			
教学反思	本节课主要学习了烛之武的形象,其中引导学生分析烛之武作为一个外交家的语言艺术是一个难点。通过小组合作逐步探究事件的发展突破了难点。由烛之武的语言艺术,引发学生思考一个优秀的外交家对一个国家的重要作用,那么想要获得像烛之武这样的外交能力有哪些途径?由问题为导向,层层递进到学生对未来职业的设想:我和烛之武这样的外交家有什么差距?怎样做可以缩小差距?从而增加学生学习口语表达等能力的动力			

《青蒿素:人类征服疾病的一小步》 教学设计方案

沈永颖

课型	新授课	课题	青蒿素:人类征服疾病的一小步	教材版本	人教版
年级	高一	课时	1课时	授课教师	沈永颖
课程标准	本单元课程标准指出:"本任务群旨在引导学生学习当代社会生活中的实用性语文,包括实用性文本的独立阅读与理解,日常社会生活需要的口头与书面的表达交流。通过本任务群的学习,丰富学生的生活经历和情感体验,提高阅读与表达交流的水平,增强适应社会、服务社会的能力。"选文难度有浅有深,内容兼综古今、中外、文理,有利于构成比较宽广的学习场域,形成比较复杂的文本间性,方便展开任务式、情境化的学习				
教学目标	1.语言建构与运用:自主合作探究,在对文本内容进行分析的基础上把握文章主题及写作特点。 2.思维发展与提升:圈点勾画,梳理作者及其团队发现、应用青蒿素的科研过程,探究作者在文中表现的思想境界。 3.审美鉴赏与创造:从文本出发,通过对文本的分析感知作者严谨的科学态度、锲而不舍的科学精神以及敢为人先的创新意识,感受"一生只为一事来"的美好情怀。 4.文化传承与理解:感受中国医学的博大精深,树立热爱祖国文化的观念,激发历史使命感和民族责任感;联系实际,体会不同领域学者们忘我奉献的宝贵精神,树立正确的人生理想				
教材分析	《青蒿素:人类征服疾病的一小步》是诺贝尔生理学或医学奖获得者屠呦呦所写的文章,为统编版高一必修下册语文教材第三单元第1课中的文章,所属任务群为实用性阅读与交流,本单元重在学习知识性读物的阅读方法,发展科学思维,培养科学精神				
学情分析	学生为理科生,对知识性读物具备一定的阅读和理解能力,同时学生能够根据文章引言及小标题部分厘清文章大意,但对于信息的筛选与整理仍需要教师的引导。在技能和方法方面,需要教师提供一定的教学支架,引导学生从语言建构和手法探析中归纳写作特点,但内心情感仍可进一步激发,因此需回归生活本身,帮助学生建立语文与生活的联系				

生涯设计	中医是中国的国粹,也是世界医学宝库中的瑰宝,许多优秀的中医人才正在尽力传承它,比如,2015年获诺贝尔生理学或医学奖的中国本土从事中医药研究的科学家——屠呦呦。当今社会,疾病威胁着人类的健康,影响着人们正常的工作和生活。在国家和民族需要之时,希望更多的人在中医学方面,在药学方面得到发展,造福人类			
重点难点	重点	通过对内容的分析,培养信息筛选及整合能力		
	难点	学习屠呦呦等不同领域学者们执着探索、忘我奉献的宝贵精神		
设计思路	通过新冠疫情以及最近发生在一些人群中的支原体衣原体感染疾病,让学生对医学,对临床药学产生兴趣,导入新课,通过播放短视频等多种教学手段,小组合作学习等方式梳理清楚文章的脉络结构,体会科普文语言的特点,分析人物身上体现的精神品质,感受其现实意义,最后通过与此相关专业及大学的介绍,激发学生对相关专业学习的热情			
教学方法	对话法、讲授法、自主合作探究法、情境教学法、多媒体展示法			
教学过程	手段	教师活动	学生活动	教学设计意图
导入新课	课件展示(视频播放)	1. 中医在新冠感染防治中发挥着重要的作用,突出了中医在中国医学上的重要性,进入教学情境; 2. 通过播放短视频的方式引导学生了解青蒿素研究背景,结合课文注释讲解写作背景,同时解释"拉斯克医学奖"; 3. 结合目前换季,支原体衣原体感染,突出临床药学的重要性	观看短视频,了解青蒿素研究背景	从社会热点问题入手,创设情境,激发学生的学习兴趣,调动学生探讨问题的积极性
讲授新课	课件展示(视频播放)	活动一: 借助信息技术,观看"2015感动中国人物"屠呦呦颁奖视频,查阅屠呦呦的相关介绍,请小组代表自由分享,初识人物	任务一:查阅资料,观看视频,了解人物	通过小组合作讨论,培养学生合作沟通的能力;拓宽了视野,提高了学生归纳总结能力
	课件展示	活动二: 快速浏览课文,根据文章内容,梳理屠呦呦研究青蒿素的历程	任务二:阅读课文,梳理屠呦呦研究青蒿素的历程	小组合作交流讨论,形成统一认识,培养学生合作沟通能力
	课件展示	活动三: 作者是如何把这个探索的过程展现出来的	任务三:按时间顺序五个小标题提纲挈领	提高学生归纳总结能力,培养学生深入思考的习惯
	课件展示	活动四: 结合文体,说说本文语言具有怎样的特点	任务四:掌握科普文的语言特点	提高学生分析归纳能力

讲授新课	课件展示	活动五: 观看《北京纪实-档案》(20170625)屠呦呦诺贝尔之路视频,梳理文中体现科学家研究探索经历的句子,并用1-2个词或句子概括其精神品质	任务五:完成表格	树立学生热爱祖国文化的观念,激发历史使命感和民族责任感
	课件展示(视频播放)	活动六: 呦呦身上体现出的哪些方面的精神值得我们学习和借鉴?在今天有怎样的意义	任务六:畅所欲言	促进学生树立正确的人生理想
	课件展示	活动七: 介绍与药学相关的大学和专业: 1.中医药学对人类做出了突出贡献,用药物或机体相互作用作为核心研究方向,属于综合性应用技术学科。 2.了解中国药学十大名校: 中国药科大学、沈阳药科大学、中国医科大学、四川大学华西医药学院、南京医科大学、大连医药大学、南方医科大学、哈尔滨医科大学、山东大学、吉林大学	任务七:了解与中医药学相关的专业和好的大学,憧憬未来	通过药学专业的大学介绍鼓励学生将来学习与其相关的专业,将来为病人解除病痛,为国家的医学事业做出贡献

课堂小结	1.结合生活实际,调动学生的积极性,导入新课,学生易于接受。 2.时间顺序,梳理历程,脉络清晰。 3.践行人物身上的精神品质,需要自己对未来的人生有初步的规划
课后作业	1.你从屠呦呦抗疟疾之路中,得到哪些启示? 2.结合你对屠呦呦的了解和屠呦呦于2011年获得拉斯克奖的演讲稿内容,为她写一段颁奖词
板书设计	青蒿素:人类征服疾病的一小步 1.作者简介 2.历程:发现青蒿素的抗疟性—从分子到药物普及和传播—超越青蒿素 3.文章语言之美:精炼、严谨 4.精神品质:科学精神、创新精神
教学反思	1.生涯规划靠改变固有的思想是很难实现的,必须有可预见的目标,让学生能够够到。 2.利用热点问题,渗透职业意识,好入题。 3.把给学生的非具体目标,通过生涯规划的策略替换成"都对哪些学科感兴趣"等具体可行的目标。 4.中医药学生涯渗透部分还需要和前面青蒿素精神衔接,再调整,使其衔接自然

生涯规划在高中外语教学中的引领

《The Present Continuous Passive Voice》教学设计方案

齐晓光

课型	新授课	课题	The Present Continuous Passive Voice	教材版本	人教版
年级	高一	课时	1 课时	授课教师	齐晓光
课程标准	《新课程标准》提倡语法教学要从用的角度出发,重在增强学生的实践意识,不能局限在语法自身的范畴内,而必须与逻辑思维,篇章语境,题材体裁联系起来,完成对某些话题的表达。本单元学习的主题是关于野生动物的保护。希望通过本课的学习,能够让学生了解到那些濒临灭绝野生动物的生存现状,并提高他们保护野生动物的意识,与此同时,希望学生能够提出具体的保护野生动物的有效措施				
教学目标	1. 知识目标:学生能够掌握现在进行时被动语态的结构和用法。 2. 能力目标:学生能够在不同的语境中使用现在进行时的被动语态表达自己观点。 3. 情感目标:通过建立动物援助中心和救助特定濒危动物的活动,提升学生的责任感与公民意识,让学生树立保护动物的理念				
教材分析	本单元主题是保护野生动植物,内容包括世界上濒危动物面临的困境,人类采取的保护措施等。本节课将单一的语法知识放在野生动物保护的情境中去运用				
学情分析	教学对象为高一学生,基础知识不够扎实,但乐于了解周围的世界,对动植物保护的话题很感兴趣,随着他们的认知能力不断提升,在任务驱动的前提下,可以在课下获取动植物保护相关信息,并有处理信息、分析问题和解决问题的能力				
生涯设计	让学生用现在进行时被动语态的结构表达濒危动物正在遭受的处境,以及政府正在采取哪些有效措施。通过以小组为单位创立动物援助中心的活动,让学生在分析问题和解决问题的过程中,树立环境保护意识和主人公精神。给予学生职业生涯规划指导,指明该专业毕业生就业时可在政府、事业单位进行野生动物资源调查、野生动物保护、动物检疫、野生动物产品鉴定、自然保护区规划设计、资源管理等方面的工作。也可以到科研院所,国家海关和边境口岸、工商、自然保护区、动物园、动物饲养场等企事业单位,还能在自然保护区管理、野生动物保护、自然资源可持续利用、驯养繁殖、产业开发以及教学、科研、行政管理、生产管理等部门从事相应工作。例如金丝猴、东北虎、麋鹿等野生动物的保护,大熊猫的后代繁育,长白山、九寨沟等自然保护区的规划和管理等。毕业后也可以继续攻读硕士、博士学位,就业前景广阔				

重点难点	重点	掌握现在进行时的被动语态并学会在不同的语境中表达自己的观点		
	难点	学生在主题语境中熟练掌握语法并在此基础上应用实践,迁移创新		
设计思路		1.通过藏羚羊的拟人化自述,了解它们所处的濒危处境,让学生画出例句并总结归纳现在进行时被动语态的结构和用法。 2.通过陈述救助濒危动物的举措,练习现在进行时被动语态的运用。 3.通过小组合作建立动物援救中心和小报设计的活动,引导学生了解野生动物保护的具体策略、方式和解决方案,思考个人参与动物保护的合理方式,进行职业生涯规划渗透		
教学方法		归纳法、任务教学法、合作学习法、情境教学法		
教学过程	手段	教师活动	学生活动	教学设计意图
导入新课	课件展示	新课导入: 通过藏羚羊的自述,了解濒危动物的现状和保护动物的紧迫性	画出自述中含有现在进行时被动语态的句子,总结出现在进行时被动语态的结构	引出话题 总结归纳 了解濒危动物的现状
讲授新课	课件展示	Activity1:探索发现 结合教材文本,找出关于该语法结构的句子,进一步强化语法	通过画出课文中的例句,体会现在进行时被动语态的用法:Subject+am/is/are+being done	思考探究 归纳总结
	课件展示	Activity2:看图说话 呈现六张图片和配文,引导学生填空,描绘图片中的动作	运用现在进行时描述图片中正在发生的事,体会语法的使用语境	创设语境 迁移运用
	课件展示	Activity3:角色扮演 设置生活中的三种紧急情况,利用现在进行时的被动语态提出解决方案	两人一组,分角色扮演不同情境下,如何运用所学语法知识应对紧急情况	以练代讲 发现问题 及时纠正
	课件展示(语言引导)	Activity4:头脑风暴 设置小组合作,组间竞争环节,每组共同设立一个动物救助组织	结合课下收集的有关野生动物保护的资料,描述所选动物现状,提出援救方案	合作抢答,唤醒团队意识,引导学生探究如何保护濒危野生动物
	课件展示	Activity5:实践应用 从东北虎、白鱀豚和考拉中任选一种动物,写出具体的援救措施,选出方案最好的一组。并设计出一张保护动物的海报	结合剖析动物濒危的原因,以及政府正在采取的举措,设计出一张海报。总结归纳,动物的处境和政府所采取的保护举措	图文并茂,让学生将理念付诸实践,以实际行动助力动物保护

讲授新课	课件展示	Activity6:总结提升 对动物小报做出评比	讲解小报设计理念,总结本节课语法的结构和用法	归纳总结 知行合一
	课件展示	Activity7 生涯渗透 教师针对学生感兴趣的野生动物与自然保护区管理专业的就业方向、就业前景等信息,做出明确的指引	思考自己的就业方向和就业前景。了解自己选择该专业所需要具备的相关知识和技能,培养学生的责任感和耐心	选科指导 生涯渗透
课堂小结	通过设置学生感兴趣的活动,在情境中教学,让语法成为一种帮助学生完成有效沟通的工具。同时在创设语境时,紧扣动物保护主题,提升学生的动物保护意识。鼓励学生积极参加各类野生动物保护实践活动,参与相关的学术研究和社会工作,提升个人竞争力和就业机会			
课后作业	1.完成课本第68页和第69页的练习,巩固所学知识; 2.组间互换小报,彼此提出更好的建议,然后把成品张贴在教室展示。组间交流如何提出切实可行且高效的动物保护措施			
板书设计	Unit 2 Section 3 Discovering Useful Structures The form of the present continuous passive voice. Passive voice :be done The present continuous passive voice : Subject +am/is/are being done Subject+am /is /are not being done Slogan:Group 1:One World One Dream 　　　　Group 2:Stronger Together 　　　　Group 3:Save the Earth Together.			
教学反思	收获:本节课引导学生借助主题语境,总结归纳所学语法的结构,并达到学以致用的目的,帮助学生树立"形式—意义—使用"的三维动态的语法观 。通过建立"动物援救中心"让学生理解野生动物保护是一项重要的环保工作,保护野生动植物就是在保护生物多样性,保护整个生态系统,维持地球的生态平衡。随着全球环境问题的加剧和人们保护意识的提高,野生动物保护事业将迎来前所未有的发展机遇。涵盖了从野生动物研究,保护管理到教育推广等各个方面,将会对该专业感兴趣的学生提供广阔的就业前景。 反思:应努力做到关注到组内的每一个学生,对于理解力差一点的孩子要更加关注,让所有的孩子都参与到课堂中来,共同进步。针对野生动物保护的普及和市场化趋势的出现,相关服务和产品的需求也在不断增加,教师应该引导学生关注一些针对环保的新型企业和社会组织,例如野生动物摄影、生态旅游、环保产品设计等领域,培养有创新能力的学生			

《Space：the Final Frontier》教学设计方案

张艳丽

课型	新授课	课题	Space：the Final Frontier	教材版本	人教版
年级	高二	课时	1课时	授课教师	张艳丽
课程标准	本单元围绕"太空探索"这一主题展开,内容涉及人类探索太空的历史与成就(包括我国航天事业的发展和成就)、宇航员的选拔、太空的生活、火星的计划、天文百科知识,以及关于"人类耗费时间和金钱去探索太空是否值得"这一话题的讨论。让学生关注人类探索太空的进程,不仅是为了开阔学生视野,增长见识,积累相关的语言,更重要的是让学生感受和体会科学家以及宇航员们为航空航天事业的发展不断努力、勇于开拓的精神				
教学目标	1.知识目标:掌握生词和表达方式,提高阅读能力掌握阅读技巧,了解地球发展。 2.能力目标:通过课堂活动帮助学生了解人类为探索宇宙所做出的努力和取得的辉煌成就以及贡献,从而坚定文化自信,增强爱国情怀和民族自豪感。 3.情感目标:围绕太空探索这一话题,立足于历史发展线索,了解历史事实,探究人物品质,树立人物精神,坚定远大理想				
教材分析	该板块活动主题是"了解太空探索的发展历程",主要让学生阅读语篇的基础上,了解人类探索太空的发展历程,帮助学生了解人类在太空探索方面做出的努力和牺牲,也旨在渗透我国科学家在近些年太空探索领域做出的卓越成就,从而探究科学家们的精神品质,坚定文化自信,增强爱国情怀,引导学生树立远大志向				
学情分析	高二学生的英语基础仍然薄弱,但是英语学习热情较高,求知欲强,能积极思考和尝试表达并积极参与课堂评价活动。学生对本单元的话题"太空探索"非常感兴趣,对人类探索太空的贡献和成就有所了解,但对于人类太空探索的历史了解不是很深,还要引导、启发他们解读作者的态度和写作意图				
生涯设计	通过对太空探索的学习,引导学生去了解人类在太空探索方面做出的努力和成就,让学生对科技感兴趣,根据不同专业领域和方向的要求,深入学习专业基础知识。对航空航天专业有初步的了解,激发学生动力,使之成为部分学生的就业目标,并且向着目标奋斗,勇敢追求梦想				
重点难点	重点	用新学的表达方式和单词总结每一段的大意,注意文本衔接和连贯性,然后列举出太空探索史上的重大事件和中国在这一领域的成就			
	难点	根据最新的太空探索计划,分析和总结一篇科普文章的文本结构和语言特征,形成他们对进行太空探索的重要性看法			

设计思路	围绕太空探索这一话题,立足于历史发展线索,了解历史事实,探究人物品质,树立人物精神,坚定远大理想,让学生对航空航天专业感兴趣			
教学方法	任务教学法,合作学习法			
教学过程	手段	教师活动	学生活动	教学设计意图
导入新课	PPT 导入	导入新课: 向学生展示中国探索太空和一些优秀的宇航员的图片	观察图片,总结对中国探索太空的感受,认识和了解中外宇航员	激发兴趣,引出话题,为阅读做准备
	读前活动	Activity1: 呈现出课本第 40 页和第 41 页的图片,引导学生关注文体题材	阅读标题,观察并讨论三幅图,回答问题	发展学生利用图片获取信息的能力
讲授新课	读中活动	Activity2: 明确要完成的任务,活动2,理解语篇结构和逻辑,小组讨论并核实填写结果	将四个句子放入文本中合适的位置,使意思完整,逻辑合理。小组讨论,填写结果	展示和分享思维分析过程,有利于学生之间相互学习和借鉴
	课件展示	Activity3: 概括段落大意,提供句式供学生参考使用	阅读第 40 页的策略提示,读文本分小组讨论每段段落大意。各小组抢答加分	激发竞争意识唤醒主动学习发现学习
	课件展示	Activity4: 简要介绍 The Final Frontier 这一表述的出处,然后提出问题,供小组讨论。给与评价和反馈	各小组讨论,然后请几组与全班分享对文章标题的理解	提升文本内涵,引导学生与自身实际结合,树立远大的目标
	课件展示	Activity5: 呈现本单元带有新生词的句子	根据上下文猜测词义	训练在语境中合理运用词汇的能力

讲授新课	课件展示	Activity6：引导学生进一步分析文本，了解科普文章的特点以及具体的写作手法	学习举例子、做比较、列表格、列数字和数据的写作手法	引起共鸣培养阅读能力，了解文章特点
	读后活动	Activity7：生涯渗透，展示与航天有关的专业、培养的人才、专业与就业、大学排名、优秀大学简介以及适合报考的学生	分享自己对关于航空航天专业的理解以及自己未来职业选择的想法	生涯渗透，鼓励在太空探索方面做出努力和成就。树立人物精神，坚定远大理想

课堂小结	学生从文中选出关键词汇和信息，复述每个段落的内容，教师板书关键词及关联
课后作业	完成练习册第79页和第80页练习
板书设计	Unit 4 Section 2 Reading and Thinking SPACE：THE FINAL FRONTIER 1. motivation　　　　　（para. 1）　curiosity 2. development　　　　（para. 2）　Russia and US 3. challenge　　　　　　（para. 3）　disaster, risks, carry on exploration 4. China's achievements（para. 4）　Shenzhou 5-7,Jade Rabbit, Tianzhou 1,Chang'e 4 5. prospect　　　　　　（para. 5）　The future remains bright.
教学反思	思所得:本节课通过不同的任务设置,让学生在小组活动中通过合作和探究来完成各个任务,激发了学生的学习兴趣,培养了合作精神。让学生了解航空航天专业,航天专业必备条件和优秀的航空航天大学。 思所失:课容量较大,没能为学生留出更充足的发展空间去深入了解航空航天专业的相关内容。 思所问:怎样能让学生的深层理解能力进一步提高,并且对以后航空航天职业规划有明确的目标? 思所改:学生英语语言层次较低,很难综合运用英语,今后应注意培养学生综合运用英语的能力。尽力让学生们多了解有关航天事业的发展,激发兴趣,使有潜力的学生发挥优势,实现自己的梦想

《People of Achievement》教学设计方案

谷 静

课型	生涯规划学科渗透课	课题	People of Achievement	教材版本	人教版
年级	高二	课时	1 课时	授课教师	谷 静
课程标准	1. 评价内容:能听懂并理解探讨人物成就和品质的对话,获取听力对话的主要信息,掌握陈述观点和理由的表达法。 2. 评价标准:能否完成听力活动;能否积极地参与小组活动活动并准确使用陈述观点和理由的结构;能否逻辑清晰地表达个人对伟大的意义的理解				
教学目标	通过看、听、说活动,运用听力策略,获取关键信息,以对话形式,谈论自己钦佩的人物并说出理由				
教材分析	Anna 和 Wang Le 要共同完成学校布置的"职业计划项目"的调查任务,选择了 Wang Le 的父亲 Dr Wang 作为采访对象,三人对话聚焦于医学领域,内容从职业选择受行业模范人物的影响和缘由开始,拓展到对人物伟大品质的讨论和评价。文章内容与学生人生规划息息相关,学生将了解更多伟大人物。教师启发学生思考:伟大的人物不仅是来自某一行业或在某个领域取得杰出成就的人物,也不仅是那些为人类社会做出巨大贡献人物,在我们的身边也能发现具有可贵品质和堪称伟大的人,为学生树立正确的人生观和价值观,明确奋斗方向,规划好自己的人生道路				
学情分析	已知基础:本课的授课对象为高二的学生。经过必修的学习以及前三个课时的学习,他们已经掌握了一些主题相关的词汇,也具备一些听力技巧,能够获取听力对话中的关键词和主旨大意,能够简单地表达自己的观点。 预设困难:学生对文本中提到的个别人物及其贡献不是很了解;总结伟大的意义可能受到词汇的影响。 解决办法:在导入环节,简单介绍对话中涉及的人物;听前教师给予相应的听力策略指导;给出部分描述伟大意义的句型				
生涯设计	通过听力活动的训练,引导学生获取关键信息,听有所获,获而有所思,为展示语言表达提供基础。让学生感受对社会做出突出贡献的伟大人物及其事迹,同时积极关切普通人自我实现与社会伟大人物赫赫功勋之间的健康心态引导,鼓励学生学习伟大人物,更在做真实伟大自我中创造独特的人生价值,在医学、科学、经济学等各个方面服务社会。结合自身优势,以领军人物为榜样,规划自我生涯发展方向				

重点难点	重点	指导学生捕捉对话中表达因果关系的关键词,指导学生运用教材中提供的语言功能项目有效地维持交流			
	难点	启发学生理解"伟大"和"成功"的含义并发表自己的见解			
设计思路		通过听力活动和口语表达活动的练习,学生们更加全面地了解更多的不同领域的伟大人物,探寻伟大的含义,发表自己的看法,关注表达因果关系的显性和隐性语言。依托活动,提升学生的语言知识、学习能力、思维品质,实现核心素养的培养			
教学方法		问题链 任务驱动 小组合作			
教学过程	手段	教师活动	学生活动		教学设计意图
导入新课	图片展示	Step 1 Lead-in 教师通过观察学生完成匹配题,依托已有信息对听力语篇内容做出合理推测的情况,给予鼓励和指导	Activity 1:Pre-listening 1. Show some pictures of great people and talk about their achievements. 2. Match the people with their achievements and summarize their professions. 3. Predict the preferences of the young and the elder speakers in the conversation to those great people. 学习理解之感知与注意		激发学生兴趣,为接下来的听力活动做好准备
讲授新课	播放听力材料(根据学情适当增加一次)	教师通过观察学生的听力练习完成情况,给予及时的指导:理解之获取与梳理,应用实践之分析与判断、描述与阐述	Activity 2:While-listening 1. Listen to the conversation. Who does each speaker admire? Tick in the table. 2. Listen again and fill in the blanks		训练学生听取关键信息能力,为下一环节的语言表达做好准备

Activity 2 table:

Speaker	Person admired	Reason for admiration
Dr Wang	Zhong Nanshan Wu Mengchao	He _____ the SARS outbreak back in 2003. He _____ liver operations well into his 90s.
Wang Le	Tu Youyou	Her research led to the _____ of artemisinin.
Anna Smith	Alexander Fleming Florence Nightingale	He _____ penicilin. She is the _____ of modern nursing. Countless lives were _____ due to their amazing work.
Wang Le	Dr Wang	He does _____ things and _____ people.

3. Listen again and answer the questions below.
4. Why does Dr Wang say "money isn't everything"?
5. What is the real reason Anna admires the famous people, and what examples does she give?
6. What kind of person do you think Wang Lin admires? Why?

讲授新课	任务呈现语言输出	教师通过学生个人口头表达自己对于"伟大"的理解和评价量表情况，掌握学生对主题意义的理解程度和口语表达情况，并给予及时指导：应用实践分析与判断、描述与阐述，应用实践之内化与运用自测表引导学生自我评价、同学间互评	Activity 3：Post-Listening 1. Discuss what is greatness, whether it is more of success or more of value. 2. Do you think Dr. Wang is a great people? 3. Brainstorm the names of great people and fill in the table on page 7. 	A person I admire most	
Name	
Occupation	
Reason	| 4. Try to use the language fillers on Page7 to gain some thinking time during the conversation. 5. What can you do to be a great man or a man of value? | Checklist		Self	Group	Other group	Teacher
---	---	---	---	---	---
Content	Does he/she answer the questions clearly?				
	Does he/she list the concrete reasons?				
	Does the presentation include the understanding of "greatness"?				
Structure	Are the ideas presented clearly and logically?				
Language	Does the presentation contain the words/expressions we have learnt this class?				
	Does he/she speak fluently?				
Suggestion							内化和运用所学知识，做到语言地适时和实时输出，进一步加强学生对伟大的理解，思考自己的奋斗方向
课堂小结	词汇小结： brave ambitious hard-working patient intelligent confident persistent curious determined committed 语用总结： 结合所学内容及语言，可以描述具体人物，有了对"伟大"和"成功"的认识并陈述理由			
课后作业	1. Workbook P63 Listening and Speaking Exercise2 2. Read the biography or the autobiography of a great person that you choose. 3. Record a speech video：My understanding of greatness.			
板书设计	Unit 1　People of Achievement Using Language（Ⅰ）　Listening and talking Before-listening　Who is great? While -listening　（学生板书关键信息） Post -listening　What is greatness?			

教学反思	亮点:教学环节之间衔接得当,过渡自然。教学内容由浅入深,逐层递进。教师给予及时铺垫、补充和总结,有助于学生理解、内化和运用知识,使用评价量表,让学生和老师了解本课时的教学目标达成情况。尤其是在升华部分,学生既了解了伟大的真正含义,同时思考并规划出自我价值实现的方向,为其整个高中的学习,大学专业的选择甚至未来职业的确定都给出了指导性的建议。 不足:学生对不同领域的伟大人物了解不多,在表达上有限,应在平时教学时多补充课外阅读;学生对一些学科领域在专业设置上的信息掌握不够全面,师生一起扩充资源链,与时俱进,为学生的生涯规划铺好路

《First Aid》教学设计方案

宋　歌

课型	新授课	课题	First Aid	教材版本	人教版
年级	高二	课时	1课时	授课教师	宋歌
课程标准	本课程旨在帮助学生习得急救相关的语言知识、文化知识,发展运用语言的技能,提升思维品质;掌握急救技能,提高安全意识和自我保护能力,深刻理解生命的意义和珍爱生命的重要性,培养乐于助人和见义勇为的良好品质				
教学目标	1.掌握急救有关的词汇,根据语言和写作风格把握说明文的写作特点。 2.利用略读、细读、总结归纳、提取主旨句等阅读技巧,使阅读更加快速高效。 3.了解紧急救援的方法和流程,加强对医护工作的职业认可度;意识到生命可贵,激发学生珍爱生命、乐于助人的意识,影响以后的职业生涯规划				
教材分析	此篇是医院宣传单,文体为说明文,准确介绍了烧/烫/灼伤的成因、类型、特征以及急救措施,旨在引导学生学习、讨论针对不同紧急情况实施急救的步骤,从而增强学生乐于助人的精神和处理紧急情况的技能,提高其关心他人安危的意识及公民素质				
学情分析	本授课对象为高二学生,具备一定的英语基础,但单词量仍缺乏,阅读技能训练不够,英语口语表达能力也相对较弱。因此,教师设计有梯度,能力螺旋上升的课堂活动,由浅入深,通过生涯规划任务式导学,引导学生深度参与。此外,医护人员见义勇为救人的视频在网络上广为流传,学生对这一话题有很浓厚的兴趣,这为本课程的学习提供了利好条件				

生涯设计	本单元的引言为"It's a great honour to save a life",可译为"救人一命,善莫大焉",体现了施救者的仁爱之心。这种仁爱之心正是作为医护人员最基本的职业素养。本单元不仅向学生传授有关急救护理的知识,更重要的是让学生在遇到困境时,要像视频中的护士一样,见义勇为,乐于助人,意识到通过自己的努力挽救生命是一件光荣的事情,更是人道主义、博爱和奉献精神的体现。 目前我国人口老龄化形势非常严峻,护理服务人才尤其是高素质的养老护理人才缺口极大,可以说,护理类专业的崛起是关乎国计民生的大事,因此,急救护理教育应从学生抓起。据统计,目前我国 60 岁及以上老年人达到 2.67 亿,失能和部分失能老年人约 4000 万,对养老护理员的需求达 600 多万,但目前全国仅有 50 多万名从事养老护理的服务人员,远不能满足广大老年群体对医疗护理等方面的需求。到 2050 年前后,老年人口规模和比重、老年抚养比和社会抚养比相继达到峰值。目前照护服务供需矛盾较为突出,需引起社会各界高度重视。 因此培养具备人文社科、医学、预防保健、护理管理、护理教学知识和护理科研能力的高级专业人才是我国目前工作的重中之重。专业人才直接决定着医养结合服务的质量和供给。国家已经出台多方政策,要鼓励普通高校、职业院校增设健康和养老护理相关专业和课程,扩大招生规模,适应行业需求。 因此,无论是从国家政策还是个人职业发展而言,让学生充分了解护理相关知识是非常有必要的,既可以避开医学类其他专业的激烈竞争,又可以在护理学领域进行长远发展,职业选择上既可以从事传统医院工作,也可以向嵌入式社区综合养老服务机构,敬老院、养老院等靠拢。希望本节课能让更多的学生学习并演练急救护理知识,让更多的学生对医护行业心生向往,让更多优秀的年轻人投入医护行列,为祖国提供更多高质量高素质的专业化人才			
重点难点	重点	1.了解烧伤的成因、类型、特征以及急救护理方法。 2.准确掌握说明文的文本类型和写作特点		
	难点	1.提高对烧伤的应急处理能力,树立烧伤的防范意识。 2.讲述自己或他人实施急救的经历,进行角色扮演		
设计思路	情境创设、导读预测→略读文章、掌握大意→仔细阅读、探寻细节→角色扮演、复述文章→深挖主题、思想升华→作业布置、巩固提升			
教学方法	情景教学法、任务型教学法、支架式教学法			
教学过程	手段	教师活动	学生活动	教学设计意图
导入新课	播放视频、课件展示、问答环节	视频导入: 1.播放扬州护士沈玉婷见义勇为的视频,她在海边度假期间偶遇男孩溺水,及时跪地进行心肺复苏,最终拯救男孩生命。 2.提出问题: 视频中护士运用了什么急救手段? 你都知道生活中哪些常用的急救护理知识?	初步了解什么是心肺复苏术。 思考自己都知道哪些急救护理知识	通过真实事件热点话题进行情景创设,激发学生兴趣。让学生头脑风暴,分享已知,激活话题背景知识

讲授新课	课件展示、合作探究、角色扮演、板书总结	任务一:快速略读文本,掌握大意,设置问题: 1.选择题,请根据文章语言特点判断文章题材(记叙文,说明文,议论文还是传记?) 2.连线题,找出文章的段落大意,分别为皮肤的功能,烧伤的成因类型特征和不同程度烧伤的急救方法	快速略读课文,认真思考总结,回答两个初级简单的问题	培养快速阅读获取信息的能力,提高速读、略读、细读、总结归纳、提取主旨句的技能
		任务二:精读课文,将关键细节以填空题的形式进行考查,通过小组合作讨论的方法,找出以下问题的答案: 皮肤作为人体最大的器官发挥什么作用? 有哪些原因会导致烧伤?每种类型的烧伤都有什么特点? 不同程度的烧伤都有什么护理方法?	通过小组讨论,画出重点词汇短语,归纳总结,回答填空题和问答题	培养细读、理解信息和处理信息的能力,题目采用问答题和填空题的方式,较为容易,帮助学生树立自信心
		任务三:小组代表陈述发言 根据文章段落,将全班划分为四个小组。第一组讨论皮肤的作用,第二组回答烧伤的原因,第三组找到烧伤的类型和特点,第四组回答不同程度烧伤的护理方法。四组成员讨论选出代表,分别进行结果展示和讲解,根据表现情况进行小组评比	小组成员合作讨论,在规定时间内得出答案,推选发言人,争取为小组加分	快速获取文章主要内容。通过推选代表发言,让学生得到锻炼口语的机会,提升学生自信心。小组合作又能够让大家参与其中
		任务四:生涯渗透——角色扮演。 假设你是一个护士,偶遇路人烧伤,你是否会选择施救?具体该采取何种急救措施施救?(角色:护士,伤员,热心群众) 热心群众角色需要根据伤者烧伤特点(是否红肿,有无水泡,有无痛感,是否可见皮下组织等)迅速判断伤员属于几级烧伤。护士角色需要熟练掌握烧伤急救措施,"冲脱泡盖送"五步急救法。每位角色扮演的同学均需运用本课所学词汇知识和相关句型编写英文对话,并在全班进行展示	小组成员分工协作,编写对话,能准确根据伤口特点分析出具体为三级烧伤的哪一级,并采取相对应的急救护理措施	开放性活动,引导学生理解掌握急救护理知识,同时认识到在他人遇到困难时,应该乐于助人,见义勇为。体会成为医护人员救死扶伤是一件光荣的事情,更是博爱精神和奉献精神的体现

课堂小结	本节课通过对皮肤的功能、烧伤的原因、烧伤的类型、烧伤的特点、烧伤的急救措施等方面的介绍,让我们掌握了该如何沉着冷静地判断烫伤类型及采取合理的急救措施。除了基本内容外,该语篇的更大阅读价值在于提升学生思维品质,从实际生活中的案例领悟到急救护理知识的重要性。在遇到紧急情况时,能迅速结合所学应用到实际生活中,从而培养学生乐于助人的精神和见义勇为的品格,而这种博爱精神和奉献精神也正是以后从事医护人员所需具备的优良品质
课后作业	充分利用网络、书籍、报刊等多种途径学习急救护理方法,小组合作模仿课文设计一个急救宣传册,以此锻炼学生获取职业生涯相关的信息、处理信息的能力,以及自主学习和小组合作探究的能力
板书设计	FIRST AID FOR BURNS Functions of the Skin Burns — Causes / Types / Characteristics First-Aid Treatment: Place burns under cool running water for 10 minutes. Dry the burnt area gently with a clean cloth. Remove any clothes using scissors if necessary. Cover the burnt area with a loose, clean cloth. Make sure the victim can breathe Take the victim to the hospital if serious.
教学反思	1. 创设情景,激发兴趣 本堂课由医护人员见义勇为的真实案例引入,激发学生对急救护理知识和医护行业的兴趣,引发学生的责任担当意识。教学目标定位精准,生涯规划导向明确,教学主线清晰可循,选择生涯相关的素材进行情境创设,激发学生对本行业知识的学习积极性。 2. 梯度任务,学有所得 针对不同英语水平的学生,设置不同梯度的任务,因材施教。通过小组合作,让学生充分发挥所长完成教学目标。坚持以学生为主体创造多种形式的职业生涯交际活动,让同学们将课文中的急救护理知识和实际操练结合起来。但是小组讨论环节对学生的口语表达能力和总结归纳能力要求较高,由于时间的限制,当堂课并不能得到完美的呈现,后续还需要再用一节复习课让同学们集中展示成果。 3. 带入角色,情感共鸣 在充分了解急救行业所需的相关知识后,学生以角色扮演的形式进行学练结合。通过自己亲身扮演护士这一角色,充分挖掘学生的情感因素,使学生以医护人员为榜样,唤醒职业生涯意识,为以后的职业选择打下基础。此外,在后续的职业生涯规划课堂中,可以和当地医院进行生涯规划合作,邀请医护人员现场演示急救护理知识并做行业分享,这样可以更加直观地展现这一职业的真实情况,让学生充分了解职业前景,坚定未来职业选择

《Natural Disasters》教学设计方案

白　晶

课型	新授课	课题	Natural Disasters	教材版本	人教版
年级	高一	课时	1 课时	授课教师	白晶
课程标准	本单元以自然灾害为主题,探讨在"人与自然"的主题下,当人类面临自然灾害的威胁时,应树立防灾意识,不断研究和认识自然灾害,提高在灾害中逃生和生存的能力。本单元从认识自然灾害的种类开始,到介绍近现代历史上国内外发生过的重大自然灾害事件,再到探讨面对灾害的威胁和所造成的损失时人们可以采取的应对措施等。提高能否灵活地运用简明扼要,客观准确的语言,精准地描述某一自然灾害相关的信息,顺利完成项目报告任务				
教学目标	1. Project 是本单元的语言运用阶段,以"做关于自然灾害的报告"为主要任务,引导学生在真实语境中分析问题、解决问题。 2. 联系"自然灾害与防范,安全常识与自我保护"拓展与深化。通过这个活动,检验学生本单元所学内容的掌握程度以及实践运用情况。 3. 完成重大自然灾害纪实性报告,学生可根据自己的兴趣、爱好进行综合分析与权衡,根据自己的爱好倾向,确定自己的职业奋斗目标,渗透生涯规划意识				
教材分析	1. 本板块通过飓风、火山喷发、海啸等多模块材料,讨论自然灾害发生时的可怕场景、发生的原因、对人类所造成的巨大伤害等内容。 2. 通过问题链的形式,小组合作,结合查阅课内外资料,学生能熟悉自然灾害的起因和影响,掌握防范灾害的基本常识及在灾害发生时保护自己的措施,并进行条理清晰的口头叙述				
学情分析	已有基础:通过本单元前几个课时的学习,学生对自然灾害相关的认知有了进一步的提升,基本掌握了与灾难有关的核心语言,并熟悉重大事件专题报道的文体,为完成本课时项目活动奠定了一定的基础。 预设困难:学生已初步认识并理解重大灾难的种类以及危害等,然而由于从未经历过海啸等重大自然灾害,对相应的防范举措熟悉不够深入,并在运用与主题相关的专业术语,描述自然灾害概念和发生的场面等方面存在一定的困难。 解决办法:教师引导学生围绕选定的自然灾害种类,创设情境,激活已有的知识及经验,铺垫有必要的话题词块和背景知识,并运用所形成的新知识结构开展描述				

生涯设计	通过观看有关自然灾害的视频及图片,联系"自然灾害与防范,安全常识与自我保护"拓展与深化,完成重大自然灾害纪实性报告。学生可根据自己的兴趣、爱好进行综合分析与权衡,根据自己的爱好倾向,确定自己的职业奋斗目标。学生可选择理工类的地球物理学、地质学、侦查技术学等专业。通过介绍相关专业来渗透生涯规划意识			
重点难点	重点	综合运用和整合单元所学知识,围绕某一自然灾害,从自然灾害的成因、后果及救援措施进行陈述,以小组形式完成报告的任务		
	难点	准确理解并掌握描述自然灾难的话题词块,综合运用所学语言,讲述选定的自然灾害,并借助视觉道具增加报告的生动性		
设计思路	通过运用和整合本单元所学知识,培养学生主题情景意识,将重点词汇融入项目报告中,以此达到内容和语言的有机结合,完成重大自然灾害纪实性报告			
教学方法	交际法、任务教学法、合作学习法			
教学过程	手段	教师活动	学生活动	教学设计意图
导入新课	播放Video 语言引导	Activity 1:Lead – inPlay a video 教师观察学生能否基于视频内容准确地说出对应自然灾害的名称及类别,能否用英语表述自然灾害所造成的破坏,并根据需要给出学生提示,并进行追问或给予鼓励	Students watch a video and answer the question "What natural disasters are mentioned in the video?"	直观感受各种自然灾害和引发对自然的敬畏之心。在观看视频后,深入熟悉自然界发生的灾害以及分类
讲授新课	课件展示(人与自然关系的初步认知)	Activity 2:Show the pictures about Tsunami 观察学生能否积极思考并给出合理答案,根据学生作答给予正确引导和鼓励	What do you learn about when you see such disaster in the picture ? 学生能够说出海啸来临时的情景,并能深入推知某种灾难背后的隐含信息	深入熟悉海啸发生的原因以及后果。培养学生主题情景意识,以此达到内容和语言的有机结合
	引导和鼓励描写重大自然灾害纪实性报告的项目活动	Activity 3:Ask students to talk about the process of organizing the research with the partners. 观察学生在表述研究过程时是否全面、具体,把握学生语言和信息的内化情况根据学生作答给予正确引导和鼓励	Decide your topic Raise the questions to help your research Collect the information Prepare to present your research 说出参与开展调研自然灾害的主要活动的过程,很好地内化了所学知识	该环节设计的问题和活动旨在引导学生通过讨论组织调研的过程,让教师及时了解学情和学生完成的程度,为后续分组展示小组项目活动做了铺垫

讲授新课	学生展示结果	Activity 4：Group Discussion What kinds of questions did you research to help you do project before class？	观察班级讨论时学生的问答是否涵盖了实时性信息，能否提出推断和概括性的有关自然灾害的其他隐含信息，根据需要给出必要的指导和反馈	学生能够积极参与讨论，说出在查阅有关自然灾害资料时，利用问题链的形式有针对性的查阅所需资料，为项目计划提供帮助
	课件展示	Activity 5：Give a presentation and checking Show your research about disasters to the class based on what you have got after class. choose your favorite presentation while listening	通过给学生机会去运用语言和让学生注重演讲表现力，从而加深对主题意义的理解	这一环节是旨在让学生用所学语言去做事情，推动迁移与创新。同时互相学习和借鉴，激发语言学习内驱力
	课件展示	Activity 6：结及生涯渗透。Summary and show the research	学生观看教师展示的重大自然灾害纪实性报告以及分享关于保护大自然及自然灾害方面的行业认识及未来职业选择的想法	教师做出总结的同时进行生涯渗透
课堂小结	学生总结本节课如何在真实语境中分析问题、解决问题来完成自然灾害的报告			
课后作业	围绕某一自然灾害，从自然灾害的成因、后果及救援措施进行陈述，每位同学根据自己的兴趣爱好及未来自己的职业奋斗目标，完成一份项目报告			
板书设计	Book 1. Unit 4 Natural Disasters Project｛cause and effects / activities and behaviors / prevention and awareness			
教学反思	本节课通过教师的引导，让学生参与有层级的学习活动和有深度讨论，学生能够准确把握本单元主题意义，增强了对单元主题的理解，提升了学生的语言表达和思辨能力，形成积极的学习态度和敬畏自然、与自然和谐相处的价值观，同时，确定自己的职业奋斗目标，渗透生涯规划意识。在讲评的过程中，课堂评价较为单一，对于学生课上生成的答案所进行的诊断性、形成性和总结性评价不够，由于学生基础较为薄弱，不能够进一步推进学生的思维的纵深发展			

《Stronger Together：How We Have Been Changed by the Internet》教学设计方案

卜亚杰

课型	新授课	课题	Stronger Together: How We Have Been Changed by the Internet	教材版本	人教版
年级	高一	课时	1 课时	授课教师	卜亚杰
课程标准	新课程标准提出践行学思结合,用创为本的英语学习活动观。高中英语教学中的阅读部分是整个教学活动的关键构成,同时也是新课标中提出的英语学科核心素养实现的有效途径。在设计网络这一课时,以学习活动观为指导结合学情分析,文本解读,有机整合学习内容,实施阅读教学活动				
教学目标	1. 知识目标:在学习过程中掌握与网络相关词汇的用法并利用标题概括主旨大意。 2. 能力目标:通过学到的与网络相关词汇和短语去谈论个人和网络之间的故事。 3. 情感目标:学生能用辩证的思维去剖析因特网使用的利弊,让网络更好地服务于生活、工作和社会				
教材分析	本节课名为"Reading and Thinking",围绕有关互联网的话题展开。通过调查,了解学生的网络使用情况。通过故事讲述了解互联网对老年人生活的改变,揭示了互联网对人们积极的影响并提出关于安全上网的建议。文本包括文章标题预测、读取各段落主旨大意和细节信息,在文本最后,作者创建慈善网站,引领现实生活中的人们正确使用网络并通过网络去帮助别人				
学情分析	高一学生的英语基础较为薄弱,运用英语进行交际活动的能力还有所欠缺,然而学生对于网络这一话题比较感兴趣,能够进行主动学习,思维比较活跃。部分同学基础较好,能够在老师问题引领的驱动下,深入文本,配合老师。教师设置学生感兴趣的活动,因材施教,让每一位学生学有所得				

生涯设计	通过对网络的了解,明确了网络存在的意义,希望孩子们以 Jan 为榜样,并借由网络去帮助需要和值得帮助的人。计算机科学与技术是一个计算机系统与网络兼顾的计算机学科宽口径专业,旨在培养具有良好的科学素养,具有自主学习意识和创新意识,科学型和工程型相结合的计算机专业高水平工程技术人才。教师要通过 Jan 的故事激励更多的学生学习网络知识,更好地利用网络为社会服务。让学生明白计算机科学正在朝着三个方向发展:①向"高"的方向发展,性能越来越高,速度越来越快。②向"广"度发展,计算机发展的趋势无处不在。③向"深"度方向发展,即向信息的智能化发展。要引领学生在计算机飞速发展的机遇中,最大限度地利用自身所学的计算机技术为社会为国家做贡献			
重点难点	重点	帮助学生理解文本的主要信息,并掌握通过分析文章标题获取文章话题范围、主旨和作者态度等的阅读策略		
	难点	让学生运用所学谈论自己与网络的故事,并学会用辩证的思维去看待网络		
设计思路	通过阅读,了解网络的优势以及网络如何改变了 Jan 的生活,重点是 Jan 的下一个目标——建一个慈善网站,这鼓励孩子们正确使用网络,创造更加美好的世界			
教学方法	预测式阅读法、整体式阅读法、任务教学法、合作学习法			
教学过程	手段	教师活动	学生活动	教学设计意图
导入新课	课件展示	导入新课:Leading –in 向学生展示平时生活中常用的几款软件,引导学生谈论软件带给他们的便利	组织语言结合生活实际表述他们使用 App 的体验	激发兴趣引发思考
讲授新课	课件展示(语言引导)	Activity1:Pre–reading 中引导学生读文章的大标题和小标题,预测文章主旨和作者态度	通过设置填空和选择题的方式,降低难度,让学生预测作者标题要表达的观点	通过标题猜测主旨大意
	课件展示	Activity2:Skimming 在预测文本内容的前提下,以任务驱动的模式默读课文,确定文章的结构和文体	通过扫读,让学生能够把握文章脉络,判断文章体裁	培养学生总结概括的能力
	课件展示	Activity3:Scanning Jigsaw reading 通过拼图阅读,掌握文章细节	全班分成五组,每组负责一个自然段	激发团队合作意识,提升学生获得细节信息的能力

讲授新课	课件展示	Activity4： Further thinking 小组讨论：让学生在深入理解了文章中老师的故事后，结合自身实际，总结网络对自身学习和生活的影响	学生组织语言，以小组的方式呈现自己和网络的故事	培养学生知识迁移和转化的能力
	展示学生活动	Activity 5： Think and Judge 组织学生讨论"网络的利与弊"，通过辩论的方式呈现	正反双方陈述各自观点，在思维碰撞中，充分理解网络的利与弊，以达到趋利避害的目的	培养学生批判性思维，把握正确的舆论导向
	课件展示	Activity6： Summary 今后再组织学习小组或互动活动时，鼓励学生互相学习和交流，提高他们的学习积极性和参与度。要定期检查和跟进学生的学习进度，及时发现问题并给予帮助和支持。 总之，我们的目标是确保学生能够顺利完成学习计划并取得成功。我们将始终关注他们的学习进度，提供必要的指导和支持，并激励他们坚持学习计划以提高英语水平，达成职业前置条件	积极思考自己可以从哪些方面入手，利用网络让世界变得更加美好。提出自己对于职业规划的疑虑，思考未来的专业和职业走向	激发责任意识唤醒创新意识智育渗透
	课件展示	Activity7： Career Penetration 生涯渗透联系生活实际，让学生了解与网络相关的专业，以便学生有专业选择和就业参考	思考自己是否能和主人公 Jan 一样利用网络造福社会。同时明确为自己所选专业，需要着重学习哪些科目	生涯渗透
课堂小结	通过本节课的学习，学生了解网络的优势并惊叹于网络改变了 Jan 的生活，并为 Jan 的积极向上的正能量所鼓舞，树立利用网络服务社会的理念			
课后作业	1.根据课堂上的辩论，写一篇关于你对使用互联网的看法的文章。 2.制作视频，介绍你如何通过教你的长辈使用互联网来努力弥合数字鸿沟			

板书设计	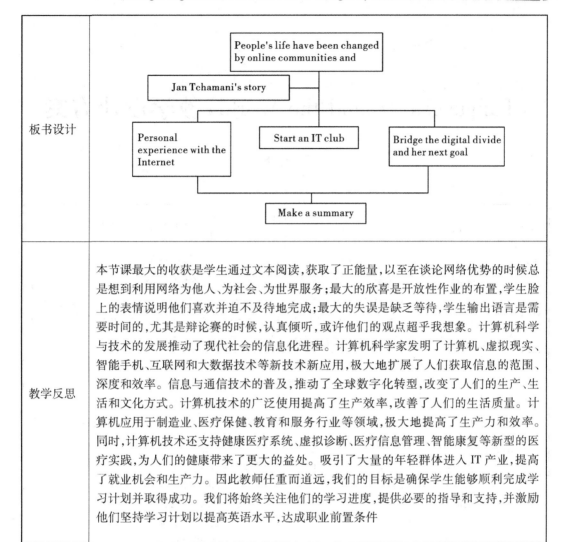
教学反思	本节课最大的收获是学生通过文本阅读,获取了正能量,以至在谈论网络优势的时候总是想到利用网络为他人、为社会、为世界服务;最大的欣喜是开放性作业的布置,学生脸上的表情说明他们喜欢并迫不及待地完成;最大的失误是缺乏等待,学生输出语言是需要时间的,尤其是辩论赛的时候,认真倾听,或许他们的观点超乎我想象。计算机科学与技术的发展推动了现代社会的信息化进程。计算机科学家发明了计算机、虚拟现实、智能手机、互联网和大数据技术等新技术新应用,极大地扩展了人们获取信息的范围、深度和效率。信息与通信技术的普及,推动了全球数字化转型,改变了人们的生产、生活和文化方式。计算机技术的广泛使用提高了生产效率,改善了人们的生活质量。计算机应用于制造业、医疗保健、教育和服务行业等领域,极大地提高了生产力和效率。同时,计算机技术还支持健康医疗系统、虚拟诊断、医疗信息管理、智能康复等新型的医疗实践,为人们的健康带来了更大的益处。吸引了大量的年轻群体进入 IT 产业,提高了就业机会和生产力。因此教师任重而道远,我们的目标是确保学生能够顺利完成学习计划并取得成功。我们将始终关注他们的学习进度,提供必要的指导和支持,并激励他们坚持学习计划以提高英语水平,达成职业前置条件

《Languages Around the World》教学设计方案

王志杰

课型	新授课	课题	Languages Around the World	教材版本	人教版
年级	高一	课时	1课时	授课教师	王志杰
课程标准	本课时在《高中课程标准》中属于"人与自我""人与社会"主题群,要求学生在学习活动中初步感知和体验英语语言的美;进一步扩大对中外文化知识学习的范围,丰富学习的内容,学会用英文讲述好中国的故事;通过在语境中学习和运用语法知识,抓住语篇中的关键概念和关键细节;根据交际需要发起谈话并维持交谈				
教学目标	1.听懂关于介绍和询问"语言"及其背后"文化"的对话,能够评价语言。 2.能通过文字的方法进行口语表达和书面表达。 3.学生能够进行知识的迁移,适应不同的场景下对语言的描述。 4.让学生对于"语言"建立完善的认知和丰富的体系建设,能够观察与辨析各种语言的类型,乐于与他人讨论和分享				
教材分析	本节课主题是"语言",让学生讲述对不同国家的语言的了解,最后询问对中国语言的喜好。整体教学内容围绕介绍不同国家的语言文化,讲述不同的语言种类以及使用和功能的方式展开,要求学生能用英语介绍语言,进行单词、句型、故事等内容的学习。通过本节课的学习,学生能在具体的情境中,认识和表达所学习到语言的内容,能够评价语言,能够与人分享语言及其背后的文化,提升学习的深度和广度				
学情分析	高一学生具备较好的阅读理解能力,能够对本课时中出现的语言文化和语言知识进行解读和应用,能够看懂语篇的结构,在老师的指引下进行内容的归纳总结;他们具备较强的学习能力,并且具备基本的生活认知能力。但是因为高一英语学习难度逐渐提高,内容篇幅相对较长,所以教师在设计课程中要多创造性地组织教学,不断激发学生们学习的主动性和学习兴趣				

生涯设计	生涯规划学科渗透课强调将知识与所学课程进行融合,属于知识跨界与创新驱动,是一个明确学习目的的好方式。本次教学致力于提高学生的人生规划意识、文化素质、表达能力和合作意识,提升高中生的辨别、搜集、总结、表达、组织能力,形成核心素养和关键能力,以丰富的创新实践教学为载体,切实提升学习质量。 通过本课时的学习,学生能够形成一定的学习路径和正确的学习方法。主要从"语言"的三个内容——种类、功能、使用,将语言相关的英语知识进行整体的复盘和回顾,建立关于"语言"的知识体系,真正让学生"懂语言""学语言""讲语言",发展伟大的中国语言文化。同时,学生需要了解并掌握本课时基本的词汇、句型、语法,运用正确的句式表达"语言"的要点,能够进行语言交流。最后能够从文化入手,宣传中国语言文化,借此将英语知识运用到实际生活中,提升综合语言运用能力			

重点难点	重点	1. 能听懂并理解每个环节的内容和任务,理解语言对生涯的影响。 2. 能回顾和使用本节课关于语言的重点单词和句型,讲述各种语言的不同,宣传中国语言文化		
	难点	1. 能用句型正确表达自己的观点,将对语言和文化的想法表现出来。 2. 培养学生良好的阅读习惯和合作意识		

设计思路	基于英语课程政策要求,教学过程采用"主题式教学设计"的设计思想,将课时通过一个特定场景和主题作为主线,在不同的学习阶段中层层渗透。建设新的英语学科教学体系,准确把握生涯规划学科在英语教学中的作用和育人功能,提高英语教师进行融合生涯规划学科课程的教学设计和运用教学改进教育质量的能力,通过英语教学设计促进英语课堂提质增效,在课程中关注英语核心素养与生涯规划的融合			

教学方法	1. **任务教学法:**采用不同的任务类型,来激发学生的学习动力。在一系列的任务中,了解语言发展的内在原理,在教学中让学生看到语言发展的过程,树立语言学习的科学体系。 2. **情境教学法:**创设情景,让学生一起体会语言的作用,并宣传中国语言文化。全面提升教学质量,运用技术优势,让学生观看或者制作语言文字的作品,提供多元化教学环节和课堂习题,通过课时学习,学生能够感受英语学习的无穷魅力,开拓思路,产生积极向上的学习热情			

教学过程	手段	教师活动	学生活动	教学设计意图
导入新课	课件展示(播放视频)	播放视频《世界上最常见的语言是什么?》 (1)思考视频都介绍了世界语言的哪些知识,请你找到关于语言的部分,记录要点,并尝试用英语复述主要内容。 (2)请大家结合自己的经验说说你接触过哪些语言	观看视频,回答问题	本阶段让学生先通过新颖生动的视频形式了解语言,有效提升注意力

导入新课	语言的种类	引导学生:欢迎大家来到"世界语言交流会"现场,你了解不同国家的语言文化吗?本课时将为同学们设计3个环节来进行语言文化的学习。 1. Before you listen, match each photo with the correct country name. 2. Listen to a speech and tick the two languages with the most native speakers Circle the official languages of the United Nations	学生在下面的语言中,根据语言的数量多少排序,制作一张思维导图,来展示语言的特点	本阶段讲解课程主题情景"世界语言交流会",从3个环节进行了情景的串联,让学生跟随知识点的变换,了解不同的内容
	语言的使用	1. Work in pairs. Read the words to each other 2. Listen to the paragraph read by two different speakers. 任务环节: 任务一——问卷调查 任务二——制作邀请函	总结中国语言文化的关键特点,以及制作模型,并回答问题	1. 调查大家对于语言的了解,以及想学什么语言,未来做什么用途。 2. 为世界语言交流会制作邀请函
课堂小结	1. 总结本课时知识点和学生课堂表现。 2. 升华本课时的主题——世界语言交流会。提示学生了解并尊重不同国家的语言文化,热爱中国语言文化,为语言文化和语言宣传付出一份力量,同时我们要将语言文化应用于人生发展中,将语言作为重要的沟通工具,积极参与生涯规划			
课后作业	Level A:复习语言相关的单词和句型。 Level B:根据自己了解的情况,用口语为我们介绍一种语言。 Level C:学校进行交流学习项目,请你为自己的人生规划考虑,制作一则中国语言文化的宣传视频,来宣传如何用语言来打开人生的维度,实现人生的进步			

板书设计	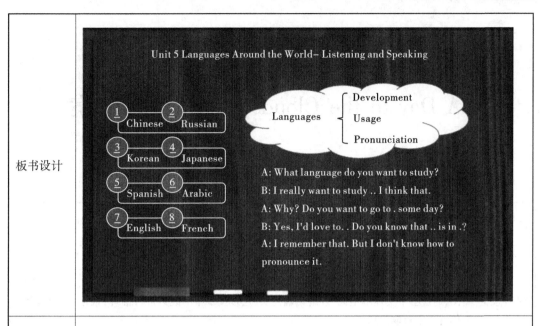
教学反思	从学生的角度来看,能够学习表达自己的观点,表达对语言的喜好和使用等内容。积极参加综合运用生涯规划思想的英语实践活动,善于表达,提问他人,增进关怀和感情。教师通过评价语言的学习,掌握"评价和表达观点"的方法,加深对中国和外国语言文化的理解,建构多元文化视角,培养学生热爱语言、热爱文化、热爱分享的意识。 总体来说,课堂进度的把控还有待加强,教师应当充分发挥英语结合生涯规划的思想,组织开展各种具有主题特色的课堂教学和实践活动,结合英语教学的设计特点,设计更加细致、综合、创新、富有特点和极具效果的英语教学方案

《A Day in the Clouds》教学设计方案

夏春艳

课型	新授课	课题	A Day in the Clouds	教材版本	人教版
年级	高一	课时	1 课时	授课教师	夏春艳
课程标准	《英语课程标准》要求学生能够从文章中获取和处理主要信息;理解文章主旨和作者意图;通过上下文理解生词,理解语篇意义;通过文章中的线索进行推理;根据需要从网络等资源中获取信息等				
教学目标	1. 知识目标:识别并记住与学习保护濒危动物主题相关的单词、短语和句子。 2. 能力目标:①分析文本的内容和结构,总结藏羚羊的艰难时期、保护藏羚羊的措施和经过多年保护取得的效果,形成结构性知识;②运用识别字面和隐含意义的阅读策略来推断作者的观点或态度。 3. 情感目标:树立学生保护野生动植物的意识,并指导学生通过选择动植物保护相关专业以及从事相关工作来更好地保护动植物				
教材分析	本课是人教版第二册 Unit 2 的 reading and thinking 部分,本课时的主题是"学习保护濒危动物",阅读文本是一篇日志体的文章,以第一人称的口吻讲述保护珍稀物种藏羚羊的故事,主要介绍了作者观察藏羚羊的经历,羌塘自然保护区,藏羚羊曾经濒危的事实与原因,以及我国保护珍稀野生动物藏羚羊的措施和取得的成就。文章立意:人类只有改变自己的生活方式,才能与自然和谐共生				
学情分析	高一的学生已基本具备用英语获取和处理信息的能力,对于如略读和扫读等的阅读策略也有所了解,但需进一步提高。学生对野生物种保护有一定的了解,在上一课时中积累了一些相关的内容和词汇表达,对"保护地球,与自然和谐相处"这一话题能够有话可说。但要学生用英语进行思维和表达,还是有一定的难度				
生涯设计	在当今社会,野生动植物资源保护与利用是一个非常重要的领域,它不仅涉及野生动植物的生存,而且涉及人类生存环境的保护和可持续发展。作为一名公民,每个人都有保护动植物的责任和使命。本课中,教师通过单元主题语境"人与自然"来倡导每个人通过改变自身的生活方式来拯救野生动物、地球和人类,通过问题"你喜欢动物吗? 你愿意从事动物保护相关的工作吗?"进一步引导学生了解有关野生动物保护的专业与大学,以及未来的就业发展方向,进而引导对该领域感兴趣的学生更好地规划自己的职业生涯				

重点难点	重点	能够使用识别字面和隐含意义的阅读策略来推断作者的观点或态度		
	难点	在语境中推断作者的隐含意义		
设计思路		通过标题和图片,预测文章的主要内容。通过略读、查读、细读总结每段的主旨大意,回答课后题并养成精准定位问题出处的习惯。通过推理判断的方式进行探究学习,帮助学生识别字面意识和隐含意思,推测作者的观点态度,提升学生的思辨能力。通过小组合作探究问题,培养学生的逻辑思维能力和合作意识,进而提高野生动植物保护意识,激发学生对保护野生动植物领域的兴趣,同时渗透职业生涯规划教育		
教学方法		文本预测、略读、查读、小组讨论		
教学过程	手段	教师活动	学生活动	教学设计意图
导入新课	课件展示	1.复习旧知:问学生一些问题来回忆关于野生动物的知识。 2.链接学生已有背景知识:用课件展示一张关于中国国家级自然保护区的图片,问学生对它们了解多少。 3.导入课文:通过猜谜,引出藏羚羊和羌塘国家级自然保护区	1.学生举手回答问题,回顾上节课学过的知识内容。 2.学生观看PPT中展示的图片,了解藏羚羊相关知识	通过回答问题,回顾上节课所学知识点,将学生带入本单元"保护野生动植物"的课堂主题中。通过猜谜语方式引出本课学习内容。通过扩展有趣的自然知识激发学生学习和探索的兴趣
讲授新课	课件展示	Activity 1:处理生词 用课件展示一些课文中的单词和短语,帮助学生理解和记忆,扫清词汇障碍	学生读出单词,通过学习单词和短语的信息,理解并试着记住单词和短语	通过展示和辅助讲解新单词和短语的词性,含义,例句以及图片等,帮助学生理解和记忆
	语言提示 略读技巧	Activity 2:略读 布置任务:通过2分钟略读,总结文章主旨大意	学生在特定时间内快速阅读文章,了解文章大致内容	学会通过快速浏览抓住文章大意,从而对学生进行快速阅读训练,提高学生快速阅读的能力
	课件展示	Activity 3:泛读 让学生找出每段的主旨大意	学生快速阅读各段落,并根据PPT提示信息,找出各段落大意	通过选出正确单词进行填空的方式,降低难度,帮助学生总结段落大意

讲授新课	PPT 辅助	Activity 4:精读 布置任务:回答课本第 17 页第 2 题的前 3 个问题。提示:画出问题出处	学生在文中找出对应句子并标记出答案的位置	带着问题仔细阅读文章,培养学生提取关键信息的能力
	指导学生寻找线索	Activity 5:探究难点 带领学生解决难题 4 和 5	学生在文中找出对应句子并标记出答案的位置	先教授学生学习方法,再给学生时间独立探索问题答案,训练学生的仔细阅读能力
	推理判断	Activity 6:推理判断 让学生完成第 17 页练习 3,引导学生识别字面意识和隐含意思	学生根据老师的提供的方法指导,逐步分析文章内容,总结问题答案	通过推理判断的方式进行探究学习,帮助学生解决难题
	小组讨论	Activity 7:合作学习 给出学生三个角度,让学生小组讨论,探究第 17 页练习 5	学生小组讨论,并派出代表进行发言	通过选择学生代表进行发言的方式,分享各组的想法,让学生积极参与讨论并有机会表达自己的想法
	课件展示	Activity 8:生涯渗透 教师展示野生生物保护的相关工作岗位及国内知名大学、专业,明确这类大学和专业对于选科的要求	阅读文章后,分享自己对未来专业选择和职业选择的憧憬	明确未来无论做什么,都要提前规划,渗透生涯规划理念
课堂小结	教师引导学生自己画思维导图总结本课内容,教师通过投影展示学生的思维导图,最后通过 PPT 出示 2 个可能的版本,进一步引导学生学习做思维导图的方法			
课后作业	上网查资料,收集一种濒危动物的信息,写一篇短文。内容可围绕:①这种动物属于哪一类国家保护动物?②为什么这种动物濒临灭绝?③它们需要什么?④如何保护它们?			

板书设计	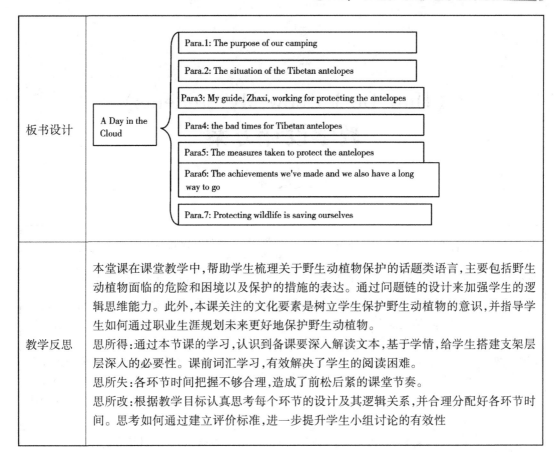
教学反思	本堂课在课堂教学中,帮助学生梳理关于野生动植物保护的话题类语言,主要包括野生动植物面临的危险和困境以及保护的措施的表达。通过问题链的设计来加强学生的逻辑思维能力。此外,本课关注的文化要素是树立学生保护野生动植物的意识,并指导学生如何通过职业生涯规划未来更好地保护野生动植物。 思所得:通过本节课的学习,认识到备课要深入解读文本,基于学情,给学生搭建支架层层深入的必要性。课前词汇学习,有效解决了学生的阅读困难。 思所失:各环节时间把握不够合理,造成了前松后紧的课堂节奏。 思所改:根据教学目标认真思考每个环节的设计及其逻辑关系,并合理分配好各环节时间。思考如何通过建立评价标准,进一步提升学生小组讨论的有效性

《How Do I Know My Students》
教学设计方案

夏美娜

课型	新授课	课题	How Do I Know My Students	教材版本	人教版
年级	高二	课时	1 课时	授课教师	夏美娜
课程标准	1. 知识要求:阅读和理解描述常见课堂肢体语言的语篇,理解描述这些行为特征的语言特点,掌握描述肢体语言的基本方法;能够利用语篇成分之间的语言逻辑关系有条理地描述人物的行为特征。 2. 核心素养要求:能够认识到肢体语言在日常交际中的重要意义;能够分析、判断作者的写作手法,学习、掌握介绍肢体语言的相关表达;能够联系个人生活,使学生在新的语境中,用得体的语言以书面形式描述、介绍肢体语言,实现对语言知识和文化知识的内化,促进能力向素养的转化				
教学目标	掌握阅读文本中重要单词、短语和表达,了解学生在课堂上的肢体语言的含义。 掌握相关读写技能,运用所学内容描写某人的肢体语言习惯				
教材分析	本课时选自 Describe classroom body language: How do I know my students。该部分的活动主题是"描述课堂里的肢体语言"。阅读语篇以一位老师自述的口吻描写了他在课堂中观察到的学生的肢体语言。阅读语篇中有大量描写肢体语言的表达,教师应引导学生仔细阅读并模仿使用。语篇根据 Introduction- Examples- Conclusion 这条线索来串联全文,分为三部分:第一部分为第 1—2 段,引出了文章主题,作者通过学生的肢体语言来了解学生;第二部分为第 3—5 段,分别描述了如何通过肢体语言判断学生是否对课程感兴趣、是否在课堂上分神以及是否在生活中遇到了问题;第三部分为第 6 段,是对整篇文章内容进行总结,对于学生肢体语言的反应是教师的必修课				
学情分析	授课班级高二(5)班学生 40 人,该班学生整体外向、开朗、思维活跃。大部分学生基础较弱,处于中等或中等偏下水平。但是,从整个单元的学习情况来看,学生对本单元话题兴趣浓厚,学习积极性较高。整体看,学生能用英语提取信息、梳理信息,简单表达自己的观点;但是运用英语连贯地描述与阐释、批判与评价的能力很薄弱,特别是英语的描写能力更是有待培养				

生涯设计	本节课将阅读文本和日常课堂生活实际相结合,设置了各种教学活动,旨在让学生深刻了解师生互动关系,引导学生从积极的角度看待教师的工作和付出,帮助学生了解教师职业的重要意义及其为教师带来的挑战性和满足感,激起学生对教师职业的向往。此外,通过向学生介绍国内师范类大学及其发展前景和就业方向等,帮助他们了解教师职业的要求和发展路径,启发他们对未来职业的思考,同时培养自己的教育兴趣和技能,鼓励学生积极成长并为未来的职业生涯做好准备,从而渗透生涯规划意识			
重点难点	重点	1.通过阅读启发学生探究课堂肢体语言表达的信息。 2.掌握相关读写技能,运用所学内容描写某人的肢体语言		
	难点	1.学生用恰当的语言介绍课堂中常见的肢体语言及其含义。 2.学生学会分析和判断介绍肢体语言的写作方法及相关表达		
设计思路	以读促写,从文本解读入手,引导学生关注文本语言、结构,概括材料,挖掘素材,将学到的语言知识、写作技巧运用到写作中去			
教学方法	任务型教学、情景教学			
教学过程	手段	教师活动	学生活动	教学设计意图
导入新课	课件展示 (Leading - in)	Activity1:展示课堂学生表现图片,引导学生猜测图片传递的含义	观察图片,猜测图中肢体语言表达的意思	创建情境,激发学习兴趣,导入主题
讲授新课	课件展示 (Pre - reading)	Activity2:出示文章标题和图片,引导学生完成选择题,并核对答案	阅读文章标题和图片,预测文本主题	培养阅读前观察标题及插图的阅读习惯,提升学生的观察和思考能力
	课件展示 (Fast - reading)	Activity3:布置任务,核对答案。 1.段落主旨大意连线; 2.划分段落,把握篇章结构	画出每段的主题句,梳理文本的篇章结构	概括段落大意,把握段落间关系,厘清文章结构
	课件展示 (Carefulreading)	Acivity4:呈现任务,引导学生关注肢体语言的含义。 1.阅读文本,补全信息; 2.选择不同肢体语言的含义; 3.回答问题: (1)What is teachers' responsibility according to the author? (2)What can students' body language help teachers do?	阅读3—5自然段,掌握不同肢体语言的含义,完成1—2题,阅读第6自然段,思考肢体语言对教师教学的作用,回答第3题	了解课堂上不同肢体语言所传达的意义,积累肢体语言相关词汇和短语,为写作积累语料。 引起学生共鸣,理解师生互动关系,体会教师良苦用心

				观看视频,描述教师的肢体语言及其含义	从积极的角度看待教师的工作和付出,激发学生对教师职业的向往
讲授新课	课件展示(Post－reading)	Activity5:播放短视频,让学生思考视频中教师肢体语言所传达的意义			
	课件展示	Activity6:生涯渗透 教师是一个崇高而神圣的职业,文章体现了一位有经验的老师对学生的关爱。以此为契机,向学生介绍国内师范类大学及其发展前景和就业方向,渗透生涯规划理念		畅谈对教师行业的了解,了解师范类院校及相关专业	生涯渗透
	课件展示(Pre－writing)	Activity7:小组合作 展示图片,引导学生描述图片中的肢体语言,给出示例		选一幅图,小组讨论,描述图片中的肢体语言及其含义	培养合作意识锻炼表达能力
	课件展示(Writing板书)	Activity8:写作训练 布置写作任务,给予写作指导,进行范文展示		学习写作大纲和要点信息,仔细研读范文	搭建框架指导写作
课堂小结	回顾课堂内容,总结如何写一篇作文,描述某个人的肢体语言及其表达的含义				
课后作业	完成课堂布置的写作内容,即描述某个人典型的肢体语言及其含义				
板书设计					

Unit 4 Reading for Writing

outline
- Body language
  - facial expression
  - gesture
  - posture
  - eye contact
- Occasions
- Meaning
  - feeling
  - intention

personality

教学反思	本节课的课型是读写课,本着"以读促写"的原则组织教学,教师精心设计了丰富的活动,带领学生充分挖掘文本信息,积累写作相关词汇。教学活动完整,层层递进,为学生提供了丰富的语料,搭建了写作框架,激发了创作灵感。同时,本节课通过文本、视频和图片等材料让学生更直观地了解了教师的工作内容、要求和影响力,鼓励学生分享了对教师职业的看法和对教师职业的理解,为学生迈向教师职业道路做了积极的引导。 不足:为了呈现一堂较为完整的读写课,本节课容量设置较大,教学活动安排过于紧凑,部分学生未能跟上课堂节奏,学习效果不佳。此外,由于时间有限,课堂写作安排成了课后作业。对于基础较弱的同学,在实际写作过程中仍会遇到很大困难,教师不便予以指导。 改进:根据学情,将读写课调整为 2 课时,既可以让学生充分阅读文本,又可以在写作过程中给学生提供及时的帮助和指导

《Launching Your Career》教学设计方案

李文静

课型	新授课	课题	Launching Your Career	教材版本	人教版
年级	高三	课时	1 课时	授课教师	李文静
课程标准	本单元以职业和职业规划为话题,通过阅读介绍职业能力倾向测验的说明文,辩证理解职业能力倾向测验在职业规划中的作用,掌握并解析招聘启事、求职信、简历等语篇的基本特征和要点。通过本单元,学生可以了解国内外前沿学科及相关专业的就业领域,构建多元文化视角,开阔视野,能够尽可能多地了解大学可选择的专业,并从科技发展、社会进步及个人发展意愿等角度考虑自己的专业选择,做好自己的人生规划,明确努力方向				
教学目标	1. 观察文本标题、图表等多模态语篇,获取职业规划的建议。 2. 通过阅读策略,提炼文本的细节、结构和语言特征。 3. 小组讨论,了解职业测试中 RIASEC 分别对应的内容和匹配职业,并探讨出更多适配职业。 4. 使用霍兰德职业倾向测试进行自测,对照相关信息,与同伴分享分析结果				
教材分析	本节课的教材来自人教版(2019)选择性必修第四册 Unit 5 的 Reading and Thinking 部分。该文章主要内容是关于职业规划的建议。文本包括标题、图表、职业倾向测试等,属于一个多模态语篇,通过阅读和分析文本,学生可以获取职业规划和职业倾向测试的相关信息,引发学生对未来职业的思考和关注并了解一些相关的职业测试				
学情分析	本课的对象是高三上学期的学生,经过前两年的学习和积累,已经掌握了一定的英语知识和技能。他们处于对未来发展颇为憧憬的时期,对职业规划有过些许的了解,并对探索未来专业和工作有兴趣。同时他们也具备一定的思维能力,能够通过阅读、小组讨论等方式总结、比较不同观点来分析问题				
生涯设计	通过本课程的学习,学生能够有意识地借助外力或利用工具,如职业能力倾向测验等,并结合个人实际情况,形成明确的自我认知,规划未来,特别是明确自己对大学专业和未来职业的选择,以此明确努力方向,增加学习动机				
重点难点	重点	掌握海报制作的语言特点,语篇特征,制作一份有效的保护野生生物的海报			
	难点	掌握并应用所学制作一份有效保护野生生物的英文海报			

设计思路	1.链接生活,激发兴趣:通过导入学生感兴趣的信息,如名人的 MBTI 类型、"i"人、"e"人等概念,引发学生对职业规划测试的兴趣,让他们积极参与课堂讨论及活动中。 2.探究合作学习:以学生为主体、鼓励学生在小组内合作学习,共同完成文本细节、职业倾向测试和讨论活动,培养他们的合作、交流和思辨能力。 3.创设应用场景:结合班级和学校实际情况,让学生将职业倾向测试应用到自己的身上,并增强学生学习的主观能动性			
教学方法	任务教学法、合作学习法、交流法			
教学过程	手段	教师活动	学生活动	教学设计意图
导入新课	课件展示	通过当下热门的话题,引发学生对职业规划测试的兴趣	观察课件上的图片信息,通过课件,讨论"i 和 e"的意义	激发兴趣,引出话题
	课件展示	引入 MBTI 测试的概念,并列举一些名人的 MBTI 类型,让学生探讨问题	小组之间探讨问题,回答问题	讨论问题,为后续阅读任务做好准备
讲授新课	语言引导	通过读前三个问题,引发学生思考	学生通过猜想、小组讨论、教师引导等方式解答读前问题	发展学生交流学习、思辨和获取信息的能力
	课件展示	介绍文章结构,如标题、导语、主体部分和小结,让学生了解到文章的整体组织结构。教授并指导学生通过跳读和略读找出文章的中心思想	略读文章,通过标题猜测文章大意,通过跳读和略读找出文章的中心思想和关键信息并完成学案上的课文信息填空	发展阅读理解能力、猜测信息能力、总结概括大意能力
	课件展示	带领学生一起通过文中第五段探索 RIASEC 的含义及倾向特点	阅读文章第五段和文中职业倾向测试图表,了解 RIASEC 分别代表的含义和特点	发展学生发掘关键信息的能力和阅读图表的能力

讲授新课	板书	鼓励学生以小组为单位探讨课本活动4中的职业倾向匹配以及头脑风暴更多的适配职业。将相关信息写在黑板上	进行小组探讨,并选取代表在班级前面展示讨论结果	培养学生发散思维的能力
	课件展示	介绍霍兰德职业倾向测试,讲解测评方法、解读信息的方法和如何绘制结果分析图	听讲解,以备课下做职业倾向测试,并学会如何分析自己的信息及绘制图表	使学生充分了解自己的职业倾向类型,并分析自己的职业性格和匹配职业
课堂小结	总结本课所学内容和生涯规划的重要意义			
课后作业	做霍兰德职业倾向测试,并根据结果绘制图表			
板书设计	Brainstorm to find more jobs. architect　tour guide　firefighter　editor astronaut　Achievement Meeting workshop　lawyer cartoonist　Session DISCUSSION Motivation　AI designer policeman　surgeon translator dancer　chemist　banker			
教学反思	通过本节课的学习,更加了解学生对自己生活紧密贴合背景下进行学习的积极态度,以及对职业生涯规划相关知识的热情,使我意识到在课程中渗透思政和生涯教育的必要性,通过此种方式,尽早唤醒学生规划职业的意识,使其更有目的地进行后续的学习。由于个人精力等因素的局限性,课堂活动可以更加细化和多元,在学案上有更加完备的体现			

《モノのインターーネット》教学设计方案

杨志娟

课型	新授课	课题	モノのインターーネット	教材版本	人教版
年级	高三	课时	1课时	授课教师	杨志娟
课程标准	人教版选择性必修第二册第12课属于自然范畴"科学技术"主题,课题为"モノのインターーネット",课程标准要求学生通过日语课程学习能够运用分析、推理等方式有逻辑性地梳理、概括、论证自己的观点,具备运用日语分析问题和解决问题的能力。本节课旨在通过组织学生探讨智能物联网的运用场景、应用特点,分析智能物联网对人们社会生活的影响,引导学生正确认识科学技术的发展与应用,在学习和掌握相关语言知识和技能的同时,提高科学素养、思维品质和学习能力				
教学目标	1.学习主题文章了解人工智能的实际应用状况,学会人工智能物联网等相关日语表达。 2.通过理解分析语篇内容,学习日语语言知识和技能,能够用日语表达自己对人工智能和物联网的认识。 3.通过语篇信息引导学生展望人工智能物联网在社会生活中的应用前景,激发学生积极投身科技创新				
教材分析	本单元是人教版选择性必修的第六单元,四课内容分别涉及了生活、人文、社会、自然四个范畴,第12课属于自然范畴"科学技术"主题,本节课旨在通过语篇阅读学习和掌握相关语言知识,通过分组讨论梳理、比较、归纳语篇信息、阐述观点、构建认知正确认识科学技术发展与应用,最终能够用日语阐述自己的观点,提高日语写作技能				
学情分析	本校学生属于零起点日语学习,目前基本掌握了语篇文本解析能力,同时具备一定的语言展示能力,能够用日语表达自己的想法和建议,但有待进一步提高。 教师通过提前布置任务的方式,让学生利用网络等渠道搜集相关信息,对"人工智能"这一话题能够有话可说,但要求学生用地道的日语表达与交流还有一定的难度				
生涯设计	人工智能的快速发展改变了我们的生活,但随着人工智能技术的日益成熟,它也可能对大学生就业带来一定的挑战。本课旨在通过对人工智能物联网的认识,展望人工智能物联网在实际生活中的应用前景,激发学生积极投身科技创新,为自己职业生涯规划方向,找到人生目标,实现人生价值				

重点难点	重点	通过语篇阅读让学生了解人工智能识别系统原理,以及智能物联网环境下智能家居给人们日常生活带来的巨大改变,掌握相关语言知识和技能,能够用日语阐述自己的观点		
	难点	掌握并应用所学阐述人工智能给我们生活带来的影响		
设计思路		本节课以引领学生职业生涯规划为目标,通过导学案的形式,设置基本学习任务,由学生自主探究小组合作展示完成,认识到人工智能在实际生活中的广泛应用,以及智能物联网环境下智能家居给人们日常生活带来的巨大改变,从而感受科学技术的巨大魅力。在此基础上呈现相关资料——人工智能和我们的日常生活息息相关,引导学生关注科技创新与时代进步,通过相关学校和专业介绍思考自己的职业生涯		
教学方法		任务驱动法、讨论法		
教学过程	手段	教师活动	学生活动	教学设计意图
导入新课	课件展示	展示视频,引导学生讨论人工智能的具体应用案例	观看人工智能应用相关短视频	激活学生背景知识,引发学生学习的兴趣和积极性
讲授新课	课件展示	1.展示问题导入内容,引导学生根据提前布置任务要求,关注文本重点单词短语等	根据网络资源收集与整理积极作答	通过问题导入掌握重点生词为课文学习做准备
	音频播放	2.通过录音播放的形式带领学生走入文本	听录音,根据问题引领圈画重点,为回答问题做准备	培养学生迅速找到关键句子能力;发展学生阅读理解能力
	课件展示	3.通过问题展示引导学生关注重点句式表达,展示文本抢答内容	积极尝试回答问题	提升学生快速获取信息能力
	小组讨论	4.小组合作设置文本语法项目练习,引导学生掌握相关语法表达	通过小组讨论,相互交流,完成语法项目练习	培养学生合作沟通能力,学会在小组内分享知识;学习重点语法项目,积累语言知识
	指导学生	5.引导学生根据语篇信息初步总结人工智能及物联网时代给我们生活带来的影响	再次回归文本,寻找有用信息	深入理解课文内容,初步把握语篇特征

讲授新课	回归文本	6.引导学生升华语篇信息归纳总结人工智能物联网在实际生活中的应用	根据文本内容自我归纳总结	提升学生梳理、归纳语篇信息能力
	引领学生归纳总结	7.引导学生感受科学技术的发展给人们社会生活带来的便利性,正确认识科学技术的发展与应用	尝试总结人工智能物联网时代给人们生活带来的利弊	培养学生口头表达能力,提升学生写作能力
	课件展示	8.人工智能的快速发展改变了我们的生活,但随着人工智能技术的日益成熟,它也可能对大学生就业带来一定的挑战。教师展示国内外有关人工智能物联网的专业以及相关大学	分享自己对人工智能的认识以及自己未来职业选择	激发学生积极投身科技创新,唤醒学生生涯意识,鼓励学生从全世界、全人类角度思考科技发展的重大意义
课堂小结	学生总结如何根据本节课语篇信息用日语写出一篇有关人工智能物联网给我们的生活带来影响的主题作文,教师板书关键词及相关内容			
课后作业	根据课上小组合作展示,参考课文信息,写出主题作文			
板书设计				

| 教学反思 | 思所得:由于教师提前布置了学习任务,本节课教学目标完成度较好。学生能够通过分析问题和解决问题完成语篇学习,并最终能够用日语阐述自己的观点,有利于日语写作技能的提升。
思所失:针对文本解析对于新出现的语法项目要引导到位。
思所改:系列语法项目尽可能逐层设计更多专项练习,通过分层教学满足不同层次学生所需。
思生涯规划:机遇是留给有准备的人的,我们要规划好自己的职业生涯,了解相关职业环境、职业发展趋势和社会发展所需人才素质,在此基础上为自己的人生确定一个明确的方向。有了合理的职业生涯规划,在职业的道路上我们就成功了一半 |

生涯规划在高中政治教学中的引领

《全民守法》教学设计方案

唐　猛

课型	新授课	课题	全民守法	教材版本	人教版
年级	高一	课时	1课时	授课教师	唐猛
课程标准	以"法治如何让生活更美好"为议题,探究法治与生活、法治与道德的关系,认识建设法治社会的重要意义。可搜集相关资料,归纳公民权利的法治保障,展望人们在法治国家享受的美好生活;可调研当前人们关注社会问题的实例并发表见解;可开展普法志愿服务活动				
教学目标	一、核心素养目标 (一)政治认同:通过案例分析,使学生认识全民守法的必然性,强化法治信仰,增强对中国特色社会主义法律体系的认同,奠定依法治国的思想基础。 (二)法治意识:通过对公民权利、义务的了解,以及对自身合法利益的维护使学生树立了解法律、尊重法律、遵守法律、运用法律的法治意识。 (三)公共参与:通过角色扮演,体验参与社区治理,学会利用法律手段化解社会纠纷和矛盾,激发学生参与公共事务的热情和信心,培养学生的社会责任感和主人翁意识。 二、学科目标 (一)了解全民守法的内涵,阐释建设全民守法的具体要求; (二)阐释说明建设全民守法的措施				
教材分析	本课题是必修三第三单元第九课最后一框题。本框题分为两目,第一目"全民守法的内涵"通过让学生了解权利与义务,以及依法维护自己正当权益,阐释了全民守法的内涵;第二目"推进全民守法"说明了全民守法的具体要求,全民守法是依法治国的必然要求				
学情分析	当今学生通过互联网、自媒体等大众传媒对自己权利与义务等问题有了具体认识。但这些认识更多的集中于微观个案,没有从宏观的国家、社会的角度思考法治国家和全民守法的关系,对于推进全民守法可能还没有更加深刻的认识。这是本节课要重点提升的难点				

生涯设计	伴随着新一轮课程改革的推进,中学阶段的职业生涯规划教育提上了日程。中学阶段是青少年学生世界观、人生观和价值观形成的关键时期,学校课堂是加强中学生职业生涯规划教育的主渠道。把思想政治课程与学生职业规划相结合,培养学生的职业生涯规划意识,帮助学生全面认识自我、认识社会,从中发现自我、发展自我,引导学生做好生涯规划管理与决策,助力学生迈好人生阶段的每一步,是教学设计的一个重要目的。通过本课的学习,尤其是对教学过程中案例的讨论和社区治理的参与,让学生了解更多的法律知识,在此过程中穿插法学专业相关的学校和专业,以及法学专业的职业发展方向,为学生种下法律的种子,为学生走上法学之路做思想准备,提升青少年的法治意识和法治素质,为法治中国建设贡献自己的力量			
重点难点	重点	全民守法的内涵、如何推进全民守法		
	难点	增强全民的法治意识,增进全民守法的主动性		
设计思路	通过"成都女孩被狗咬伤"案例,引发学生对权利与义务,以及维护自身合法权益的讨论,进而总结全民守法的内涵和要求;通过角色扮演,引导学生参与"文明养狗"的讨论,引入全民守法措施的主题。在维护自身合法权益的教学环节中渗透学生生涯规划,穿插法学专业以及院校的介绍			
教学方法	情景教学法、自主探究法			
教学过程	手段	教师活动	学生活动	教学设计意图
导入新课	课件展示	展示 2023 年 10 月 16 日,发生在成都的 3 岁女童被狗咬的图片和视频	观看视频和文字资料	从社会热点案例入手,创建情景,引入主题,激发学习兴趣
讲授新课	课件展示	环节一:飞来横祸,谁之过? 展示材料一代理律师周兆成关于女童家长的诉求和材料二清华大学刑法学教授劳东燕的网上评论。 引导学生思考议题任务一,展示合作成果。 总结学生展示,引入全民守法内涵: 所有社会成员普遍尊重和信仰法律、依法行使权利和履行义务的状态。 展示《中华人民共和国民法典》中关于公民权利与义务的法律规定,引入全民守法的要求: ①行使权利,不得损害国家的、社会的、集体的利益和其他公民的合法的自由和权利; ②在享有权利的同时,公民也负有相应的义务; ③依法维护自己的正当权益	任务一:阅读材料,小组合作思考。 1.你认为物业应该承担责任吗? 2.结合权利与义务的知识分析材料二劳东燕的评论	通过小组合作讨论议题任务,培养学生独立分析、合作探究问题的能力,训练学生科学思维,提高学生归纳总结能力

讲授新课	课件展示	刚才很多同学提到当自己的合法权益受到侵害时可以求助于律师。那你知道怎样才能成为一名律师吗？ 展示法学专业、就业前景以及院校介绍。 法学专业是为了培养掌握法学知识，熟悉我国法律和党的相关政策，能在国家机关、企事业单位和社会团体、特别是能在立法机关、行政机关、检察机关、审判机关、仲裁机构和法律服务机构从事法律工作的高级专门人才。 就业方向：律师、公务员、法务、学术、其他相关领域等。 法学专业双一流建设高校：北京大学、清华大学、武汉大学、中南财经政法大学、中国人民大学、中国政法大学。 教师总结：通过以上环节的讲解，我们把握了全民守法的内涵和具体要求，那么接下来我们就要思考如何推进全民守法。 环节二：屡屡发生，如何管？ 在现实生活中，我们发现狗咬人事件层出不穷。 展示材料三最近两起狗咬人事件和材料四中国裁判文书网中搜索"狗咬人"关键字的结果。 引导学生思考议题任务二，展示思考结果。 总结学生展示结果。引入全民守法的措施： ①要着力增强全民法治观念； ②要调动人民群众投身依法治国实践的积极性和主动性，使尊法守法成为全体人民的共同追求和自觉行动； ③要不断加强公民道德建设。 教师总结：从养狗这个话题，大家都提出了相应的措施，总结大家的措施基本就是从完善法律和提高思想道德素质两方面入手，其实这也正是推进全民守法的切入点。 就自己所居住的小区文明养狗提出倡议，来试一下吧！ 环节三：文明养狗，我参与。 文明养狗，养狗者是关键。请你为社区养狗的区民写一份倡议书，倡导文明养狗	观看关于法学专业的相关资料展示。展示自己对于法学专业的认识。根据自身的实际情况，结合老师介绍的法学专业概况，初步了解自身是否有兴趣学习法学，以及是否适合从事法律工作。 任务二：阅读材料，认真思考、分角色探讨如何解决层出不穷的狗咬人事件。 从社区居民、养狗者、物业、社区和政府等主体的角度，展示自己小组的探究成果。 任务三：写一份文明养狗倡议书，课后可以张贴在社区宣传栏	学生对法学专业可能更多还停留在感性认识层面，通过这个环节，让学生了解法学专业以及就业前景，使同学们在感性认识的基础上，加深对法学专业的理性认识，唤醒学生的职业生涯意识，能够根据自身实际情况，将来选择学习法学专业，利用法律知识帮助他人。 推进全民守法是本节课的落脚点，以养狗为话题情境，通过具体角色扮演，让学生深入思考推进全民守法的措施，培养学生参与公共事务的热情，提高学生的公共参与能力。 激发学生的主人公意识和社会责任感，参与社区治理

课堂小结	全民守法是一个社会性的系统工程,这对于中国社会来说也是重大的社会变革。传统的人情社会在中国已经延续千年,法治意识的树立并非一朝一夕之功,未来的法治之路必定不会一帆风顺,但是全民守法是实现民族复兴的必由之路,相信在中国共产党的领导下,我国的法治之路建设必定会谱写新的篇章
课后作业	制作文明养狗展板,宣传相关法律知识
板书设计	全民守法 { 内涵:所有社会成员普遍尊重和信仰法律,依法行使权利和履行义务的状态 要求:依法行使权利;依法履行义务;依法维护自身合法权益 措施:增强全民法治观念;调动群众参与依法治国;加强公民道德建设
教学反思	本节课主要学习了全民守法的内涵、要求和具体措施。由成都女孩被狗咬伤的案例,引发学生思考责任承担问题;通过对《民法典》中权利与义务的分析,引导学生思考全民守法的具体要求。在分析维护自身合法权益时,渗透学生职业生涯教育,让学生了解法学专业以及就业前景,唤醒学生的职业生涯意识,鼓励学生将来学习法学专业,利用法律知识帮助他人。通过角色扮演,鼓励学生分角色对文明养狗措施提出自己的建议,激发学生参与社区治理的公共参与意识。本课中全民守法的措施比较抽象,情境的创设与教材内容的无缝衔接还应该继续完善,以使教学环节更加顺畅。 在思政课中融入职业生涯规划教育,考虑到对象是中学生,教师有必要找准职业生涯规划与思想政治课程的契合点,把课标、教材、学情与职业生涯规划完美融合,顺应学生的身心发展规律,激发学生的兴趣,否则有生搬硬套之嫌。 职业生涯规划应该是一个持续的、系统的计划过程,所以职业生涯规划融入思想政治教学过程也不是一次课或几次课能够完成的,而本次课也只是介绍了一种专业的概况,显得有些单薄和浅显,在思想政治教学过程中融入自我认知、职业认知和社会认知等职业生涯规划内容,并在教学中保持这种融入的持续性、系统性和深入性也是应该思考的问题

《世界是永恒发展的》教学设计方案

屈 丹

课型	新授课	课题	世界是永恒发展的	教材版本	统编版(2019)
年级	高二	课时	1 课时	授课教师	屈丹
课程标准	描述世界是普遍联系、永恒运动的,领会全面地、发展地看问题的意义,阐明马克思主义哲学是科学的世界观和方法论,讲述辩证唯物主义和历史唯物主义的基本观点,树立创新意识				
教学目标	1.知识目标:熟记发展的实质,理解量变和质变的辩证关系。 2.能力目标:剖析自然界、人类社会、人的认识的实例,领会世界是永恒发展的,把握发展的实质,理解新事物必然战胜旧事物是宇宙间不可抗拒的规律。 3.情感态度价值观目标:懂得做任何事情都要从小事做起,重视量的积累,同时善于抓住时机,促成质变,实现飞跃;懂得事物发展的前途是光明的,道路是曲折的,对未来充满信心,能够不断克服前进道路上的困难,勇敢地面对挫折和挑战				
教材分析	本次授课的内容位于高中政治必修四《哲学与文化》第一单元第三课第二框题,该框题的教材内容包括两目,分别是"唯物辩证法的发展观"和"用发展的观点看问题",主要讲述发展的普遍性,实质以及发展的状态、趋势,所以本框题内容与前一框题"世界是普遍联系的"和后一框题"唯物辩证法的实质与核心"在逻辑上有密切关联。本部分知识应用性非常强,所以在授课的过程中,不能单纯地讲授,需要结合学生生活实践并开展活动,做到学以致用				
学情分析	高二阶段的学生经历了高一学年的学习,储备了一定的政治学识,养成了一定的学科思维,但他们对哲学领域的了解程度并不深刻,对抽象难懂的哲学理论的学习还在摸索和积累经验的过程中,同时唯物辩证法的难度也相对较高,存有很多与生活哲学相近的专业概念需要反复思索,这也更需要教师创设合适的情景,组织有效的教学活动,通过问题的引导和讨论,在合作探究中突破学习难点,落实核心素养				
生涯设计	通过对 ChatGPT 的介绍引入话题讨论人工智能的发展,让学生在学习知识点的过程中学会运用理性和正当的视角和眼光,科学全面地分析和把握人工智能的优劣所在,准确理解人工智能的社会和发展定位,增添对人工智能本身的挖掘和探索兴趣,发现人工智能与日常生活的关联程度之强,其应用范围和领域之广,从而让学生思考自身的能力和个人特长与人工智能发展的交集之处,对未来的学习方向和专业选择有大致的规划和意向,对自己的职业生涯产生一定的期待和构想				

重点难点	重点	发展的实质及其方法论		
	难点	量变和质变的辩证关系		
设计思路		本节课以人工智能为情景话题，以社会热点 ChatGPT 为切入点，通篇围绕人工智能展开知识讲授，采用"一例到底"的设计思路，在授课过程中编排了四个议学活动，分别对应人工智能的发展轨迹、发展价值、发展局限、发展前景，通过案例的讲解和知识的深入回应如何对待人工智能的总议题，让学生在辩思中确立正确科学的价值观，正视人工智能的未来发展趋势，总结升华时突出人的主体性达到良好的情感态度价值观教育，形成知识讲解、时政拓展、素养提升多重目标共同促成的良好效果		
教学方法		合作探究法与讲授分析法相结合		

教学过程	手段	教师活动	学生活动	教学设计意图
导入新课	课件展示	教师引言：今天我们的学习内容围绕一个科技新词展开，这个词就是"ChatGPT"。 教师解惑，介绍 ChatGPT 的特点和功能。 借此引出话题争论和辨析点，进入学习主题。 教师提问： 那到底如何看待人工智能的发展呢？ 引出学习内容： ①世界是永恒发展的（板书） ②辩思智能利弊，助推未来发展（课件展示）	学生分享自己的认知和理解。 学生对比论点双方，产生自己的想法和选择	以核心关键词引入教学话题，吸引学生兴趣，以幽默基调讲解 ChatGPT，凸显其智能性能从而引出辨析论题，导入学习内容
讲授新课	课件展示	议学活动一：探寻人工智能的发展轨迹，布置任务要求。 学生从自然界、人类社会和人的认识谈人工智能的创造和升级需要不断发展的各种条件。 【知识点击】 发展的普遍性 自然界总是处在由低级到高级、由简单到复杂的发展过程中。 人类经历了原始社会、奴隶社会、封建社会，资本主义社会，未来还将进入共产主义社会，经历了从落后到进步的发展 人的认识也经历了由不知到知，由知之不多到知之较多的过程。 得出结论：物质世界处于运动、变化、发展的过程中。 过渡：ChatGPT 的发展也是在经历了数次飞跃和蜕变中登场面世的，那如此高科技高情商的它究竟能为人类创造什么样的价值和财富呢？	任务一： 人工智能的出现和升级需要哪些前提和基础，从自然界，人类社会，人的认识三个角度谈一谈。 小议题： 人工智能的出现表明，物质世界处于怎样的状态？	回顾和追溯人工智能的本源，让学生思考人工智能的诞生是需要一定的物质和社会基础，从而从自然界、人类社会和人的认识三个方面思考人工智能出现的源头和发展经历，得出结论

讲授新课	播放视频与学生互动交流	议学活动二:感知人工智能的发展价值 过渡:ChatGPT 也是经历了代际的更迭和升级,不断增加数据的参数实现了智能水平的跨越,那现在的人工智能究竟发展到何种水平了呢? 教师总结:这个书法机器人临摹出来的书法作品已经让我们难以辨别这是智能作品还是人类创作了。这种水平的达成也是经过了几千次的实训、近十亿次的虚拟仿真才能实现的。 【知识点击】 量变与质变的辩证关系 事物的发展总是从量变开始,量变是质变的必要准备,量变达到一定程度必然引起质变,质变是量变的必然结果。 质变又为新的量变开辟道路,使事物在新质的基础上开始新的量变。 新事物的发展就是这样由量变到质变,又在新质的基础上开始新的量变,如此循环往复,不断前进。 过渡:人工智能在不断发展过程中改变了我们的生活方式,提升了效率和生产力。那人工智能真的无所不能,完美无缺吗?	任务二: 观看视频,辨别哪一幅是人工智能临摹的书法作品。 小议题: 通过对文字和视频材料的分析,事物发展呈现出怎样的形式或状态?	通过展示 ChatGPT 的迭代历程,让学生在文字材料中发现数据的积累变化,明确参数的量的积累与 ChatGPT 级别的提升的质的变化之间的因果关系 视频解惑,让学生明确,现在的成果和蜕变都是由量的积累和时间的打磨而促成的,从而理解量变和质变的辩证关系
	课件展示	议学活动三:理解人工智能的发展局限 布置任务,小组合作讨论 教师总结:应该继续发展人工智能,因为人工智能是新事物。 【知识点击】 发展的实质是事物的前进和上升,是新事物的产生和旧事物的灭亡。 新事物的含义:新事物是符合客观规律,具有强大生命力和远大前途的事物。 判定一个事物究竟是新事物还是旧事物的标准,不是形式的新旧,不是出现时间的先后,也不是力量的强弱,根本标志在于是否同事物发展的必然趋势相符合。 过渡:我们对于新生事物的审视与冷静是为了其更好地发展,而非将其扼杀在初生的摇篮里。新事物往往有利有弊,在很多领域人工智能还无法替代人类。 教师总结:AI 技术能让人在获得自由和价值中创造并体验幸福,但这需要人类与人工智能和谐相处,各司其职,才能更好地助推未来发展	任务三:小组讨论,你认为人工智能是需要继续发展还是取缔?请说明原因。 小组汇报人工智能无法替代人类的领域	通过真实案例背景引发学生思考,启发学生辩证思考,让学生学会用一分为二的观点分析和解决问题。引导学生逐步明确人工智能的事物性质

讲授新课	小组汇报 课件展示《人工智能发展白皮书》	议学活动四:展望人工智能的发展前景,布置任务,让学生思考。 教师讲解:未来人才是身心健康的创新型人才,要争做新时代德、智、体、美、劳全面发展的社会主义建设者和接班人。 教师总结:人工智能已经在不同领域展现出了巨大的潜力,在未来 AI 将继续改变我们的世界,为我们的社会和经济带来更多的机会和挑战。而在这个过程当中,同样要大家融入科技发展的浪潮之中	任务四:请你谈谈如何能做到不被人工智能所取代,如何在人工智能时代更好地实现自己的价值	让学生知道人工智能的发展在创新型国家的建设中起到举足轻重的作用,并尝试从自身发展角度思考未来的专业选择和职业规划
课堂小结	教师:这节课我们围绕人工智能的发展轨迹、发展价值、发展局限、发展前景一起探寻和领略了人工智能的发展之路,明确了世界是永恒发展的哲学原理,到底该如何看待人工智能的发展,与其担心工作被取代,不如发挥主观能动性和创造性,利用好新技术,新工具,把人工智能当作是给我们提供光亮的伙伴,正视它、直面它、运用它,毕竟人工智能的前缀依然是"人工",人工智能是人的延伸,社会真正的主角是我们自己,未来我们还需要发挥自己的优势和力量,把握当下人机合作发展的新起点,促进科学技术的一再飞跃			
课后作业	课后思考: 思考发展人工智能需要用到哪些思维方式?你如何培养这样的思维方式? 课后预习: 预习选择性必修三第十一课第一框题的教材内容			
板书设计	世界是永恒发展的 1.发展的普遍性 2.发展的实质 3.发展的状态			
教学反思	值得肯定的: 1.从单元整体把握教材,对教材整体内容进行有思考,有目的的整合,融合学科知识,提质赋能。 2.贴合时政内容,依托教学进行深入挖掘,把哲学内容生活化、故事化,在课堂中融入时代精神,体现了生涯规划式教育。 3.议学活动式教学,情景化,生活化,共育时代新人。 值得优化的: 1.与单元主题之间的联系应该更密切。 2.课堂活动设计较多,容量较大。 3.在关键能力上应该深入挖掘			

《使市场在资源配置中起决定性作用》
教学设计方案

齐明星

课型	新授课	课题	使市场在资源配置中起决定性作用	教材版本	人教版
年级	高一	课时	1课时	授课教师	齐明星
课程标准	依据《普通高中思想政治课程标准(2020年修订)》,需要引导学生探究资源配置中市场起决定性作用,评析市场机制的优点与局限性				
教学目标	1.理解合理配置资源的必要性,理解建设现代市场体系的重要性和建设现代市场体系的措施。 2.观察分析现实生活中违背市场规则、破坏市场秩序的经济行为,培养辨别能力。 3.感知社会经济现象,树立合理配置资源和节约资源的意识,养成诚信为本的良好个人品德				
教材分析	使市场在资源配置中起决定性作用为高中政治必修二《经济与社会》第一单元第二课的第一框的内容。第一目"市场调节"阐述资源配置的必要性和基本手段,着重分析市场配置资源的具体运行机制及其优点。第二目"市场体系",阐述建设统一开放、竞争有序的市场体系的必要性和主要措施。第三目"市场缺陷",阐述市场调节的局限性及仅依靠市场经济调节可能产生的后果				
学情分析	高一学生初步具备一定的阅读分析能力和逻辑思维能力,能够在分析经济现象的过程中进一步提升能力和素养。相比必修一的学习,学生对新的社会经济领域更有探究兴趣,对社会经济如何发展已经有了自己的疑惑和思考,有强烈的求知欲,可塑性强				
生涯设计	1.在本课教学中渗透生涯规划教育,利用日常教学平台,利用教师的专业优势深挖学科与高校对应专业、未来职业的链接,更精准地培养学生规划自我的兴趣、意识和能力,让生涯规划真正落到实处。 2.通过本课内容的学习,理解和掌握市场经济的一般规律以及建设现代市场体系的原因和措施,让学生了解与经济学和管理学相关的学校和专业,明确经济学和管理学的未来就业方向。课程内容中渗透生涯规划会帮助学生认清自己的兴趣,使学生拥有明确的学习目标,加强学习动力,了解自己的职业倾向,选择自己喜欢和适合的专业,进入大学后才会更加主动学习,减少迷茫感				

重点难点	重点	市场配置资源的优势及缺陷,如何建设现代市场体系		
	难点	市场配置资源的机制和发生作用的过程		
设计思路		以议题导入,调动学生的学习积极性,让学生模拟市场活动,体验探究的过程,以达到更好的教学效果。把抽象、晦涩的知识,通俗易懂、深入浅出地展现给学生		
教学方法		合作探究法与讲授分析法相结合		
教学过程	手段	教师活动	学生活动	教学设计意图
导入新课	课件展示	通过比较两种不同资源配置方式来导入新课,激发学生的兴趣,可以更直观地区分市场和计划两种方式的显著区别	了解配置资源的两种基本手段	了解资源有限和需求无限之间存在的矛盾,掌握本课的主旨
讲授新课	课件展示	任务一: 提供相关材料,让学生思考沙棘价格的变化与哪些因素相关?这些因素与市场有何关系? 在沙棘等资源的配置中,应使市场还是计划起决定性作用?	了解价格变化是如何影响资源配置的	模拟市场活动,训练了学生科学思维,提高了学生归纳总结能力
		任务二: 市场调节有明显的优点,能不能放手完全让市场来配置资源? 分析议题活动二:上述材料反映了市场调节有什么缺陷?为什么会有这样的缺陷?	学生分小组讨论,总结出市场调节资源的弊端	通过分析沙棘市场的变化,理解市场调节不是万能的,市场调节有局限性
		任务三: 市场体系是什么?包括哪些要素? 我们为什么要建立市场体系? 怎样建立市场体系?	学生分组讨论第16页探究与分享,回答问题	引导学生在活动探究中掌握知识,为之后市场体系的相关知识点做好铺垫
		任务四: 提问引导学生阅读上述材料并思考问题:我们要建立一个什么样的市场体系?	激发学生参与课堂的积极性,激发学生的学习兴趣	认识现实市场中存在的问题,深刻体会建立竞争有序统一开放的市场体系的重要性

课堂小结	市场在资源配置中起决定作用,但是市场调节不是万能的,市场调节具有自发性、盲目性、滞后性的弊端。单靠市场调节,会影响资源配置效率,导致资源浪费;会导致经济运行大起大落,社会经济不稳定;会产生不正当竞争、垄断,损害社会公平;会导致收入差距拉大。所以需要统一开放、竞争有序的市场体系,更好地发挥政府作用,推动有效市场和有为政府更好地结合
课后作业	1. 通过期刊、书籍、网络、走访等方式,搜集中国沙棘产业发展以及赤峰市适合发展沙棘产业地的相关资料,概括成功经验,为我市沙棘产业发展出谋划策。 2. 课后学生搜集相关案例,以"社会主义市场经济条件下企业发展面临的机遇与挑战"为题,写一份发言稿
板书设计	使市场在资源配置中起决定性作用 { 一、市场调节 {1. 合理配置资源的必要性 2. 如何建设现代市场体系} 二、市场缺陷 {1. 市场调节不是万能的 2. 市场调节三大弊端} 三、市场体系 {1. 为什么要建立市场体系 2. 市场调节的方式及优点}
教学反思	1. 课程内容是政治教师在学科教学中开展生涯规划教育的宝贵资源,教师应通过这些资源引导学生主动将当下的学科学习与未来职业相联结,持续激发成长内驱力。通过本节课的学习抓住重点和难点问题,和学生一起探讨,顺利达成教学目标,以议题导入,调动学生的学习积极性。在探究过程中,让学生模拟市场活动体验探究的过程,渗透学生职业生涯教育,唤醒学生的职业生涯意识,让学生通过学习本课内容了解与经济学和管理学专业相关的职业以及发展前景,了解经济学和管理学相关的国内顶尖院校以及未来就业发展方向。 2. 经济学和管理学的就业方向广,应用性较强,在市场上有竞争优势,发展空间比较大,就业比较容易。鼓励学生将来选择学习经济学和管理学相关的专业,从高中开始有计划有目标地学习知识、积累经验,为自己以后的职业生涯做好规划,为社会主义市场经济的发展,为中国式现代化建设添砖加瓦,奉献自己的一分力量

《我国的社会保障》教学设计方案

张玲宇

课型	新授课	课题	我国的社会保障	教材版本	人教版
年级	高一	课时	1 课时	授课教师	张玲宇
课程标准		1. 评析实现共同富裕、促进社会公平正义的收入分配与社会保障政策。 2. 列举完善社会保障体系的措施			
教学目标		1. 了解社会保障的作用,阐释我国社会保障的主要形式及其含义。 2. 阐明我国完善社会保障体系的要求,明确我国社会保障体系建设的目标,理解以人民为中心的发展思想			
教材分析		本课题为 2019 年人教版统编教材《经济与社会》第四课第二框,本框题包含两个子目,分别是多种多样的社会保险和完善社会保障体系。本框题阐述了社会保障的主要形式及其内容和功能,现阶段我国完善社会保障体系的相关举措。两个子目之间的关系是先阐述什么是社会保障,后阐释怎么完善社会保障,坚持了从是什么到为什么再到怎么办的逻辑顺序			
学情分析		高一年级的学生在学习完成必修一《中国特色社会主义》的相关学习后,对中国特色的社会主义有了一定的了解,《我国的社会保障》又是对中国特色社会主义进一步阐释,运用经济生活中的具体事例能够增加学生的学习兴趣,通过视频、图片以及讨论的形式提高学生的理解能力,感受我国经济社会的发展,增加幸福感和自豪感			
生涯设计		高中阶段的学生对于大学的专业以及今后需要从事的行业存在一定的困惑,能否把学生对人生价值的追求融入学习中,加深认识世界的能力,使对世界的认识和对自我的认识相结合。开展生涯规划外部探索,激发学生自身的兴趣,为高考选科、职业规划提供科学指导,本节课通过了解我国的社会保障事业,进而引出社会保障专业,使学生对大学开设的社会保障专业有一定的了解,知道社会保障专业的类型,就业方向,为今后的大学专业选择提供指导意见			
重点难点	重点	1. 我国社会保障的作用。 2. 各种社会保障形式的作用。 3. 完善社会保障体系的要求			
	难点	社会保障的公平性特征			

设计思路		通过播放社保成就让学生感受我国社会保障的发展,进而引出社会保障的含义及内容;通过设问"我国实行社会保障的原因"引出学生讨论,得出社会保障的必要性和重要性,然后逐个介绍社会保障的分类;播放视频使学生思考我国社会保障是否应该完善,讲述完善社会保障的方法;整节课使学生对社会保障体系有了一定了解的基础上介绍社会保障专业,为学生生涯规划助力;最后联系归纳总结增强学生的幸福感,安全感和自豪感		
教学方法		讲授法、讨论法、练习法		
教学过程	手段	教师活动	学生活动	教学设计意图
导入新课	课件展示(复习导入)	总结我国个人收入分配的知识,提问:我国的分配制度是什么?复习再分配的知识,引出社会保障	思考社会保障是什么	从复习再分配知识入手,引出议题,激发学生的思考积极性
讲授新课	课件展示	议题一:多样社保守住民生最后防线 1.播放《十三五,我们这五年》视频 教师总结:我国近年来社会保障事业发展迅速,从国家对居民的最低生活保障再到医疗保障,关系民生的各个领域让我们切实感受到了祖国的发展壮大。 2.总结社会保障的含义,阐释我国社会保障实行的原因(分必要性和重要性)。结合生活中实际情况列举我国社会保障的分类以及作用。补充对比社会保险和商业保险的区别。 教师总结:我国实行社会保障体系是由现阶段的国情所决定的,生活中我们时刻在感受到社会保障带给我们的安全感。无论社会保险还是商业保险都有各自的优缺点,大家要谨慎选择	任务一:感受我国社会保障事业发展的成就。 任务二:阅读课本第49—52页,小组讨论并回答《探究与分享》问题"以上对话涉及哪些社会保障形式?这些社会保障形式发挥了什么作用?"	通过播放视频感受祖国的变化,增强学生的民族自豪感、自信心。同时引入社会保障体系的主题。通过小组合作讨论,让学生对课本知识进行自主梳理和有效整合提取答案,提高了学生归纳总结能力。让学生结合身边的实际情况说出自己知道的社会保障,提高学生的参与感和思维能力

		议题二:完善体系促进社会和谐发展	任务三:观看视频并思考我国社会保障体系都有哪些方面	提高学生思考问题的能力,体会我国的社会保障体系不断完善发展的原因,锻炼学生理解思考问题的能力。
讲授新课	课件展示	3.播放《我国社会保障进入快车道》视频。 4.总结我国社会保障体系的公平性;归纳完善社会保障体系的措施;解释为什么尽力而为又要量力而行,突出本节课难点解释。 教师总结:我国近年取得了重大的社会保障成就,但仍需要完善,要公平公正,要尽力而为、量力而行,要权责清晰。 5.基础知识讲授理解后提出设问:同学们知道大学里还有社会保障专业吗? 教师总结:我国的社会保障专业是培养懂得党和国家有关社会保障的方针、政策和法规,较牢固地掌握有关劳动与社会保障专业的基本知识与技能,具有一定实践能力的高级、复合型专业人才,今后考研就业的前景也很好	任务四:阅读课本第53—55页,小组讨论并回答《探究与分享》问题"我国城乡居民养老保险制度是如何完善,实现社会公平的?" 任务五:让学生自己思考本课框题,做出思维导图。教师配合完善	通过对课本知识的总结归纳,以学生为主体,把完善社会保障体系以达到公平理解透彻,提高学生的理解能力和分析问题的能力。 使学生对大学开设的社会保障专业有一定的了解,知道社会保障专业的类型,就业方向,为今后的高考专业选择提供指导意见。 锻炼学生的整合思维能力,提高思考水平,加深对本节课的理解
课堂小结		我国的社会保障是公平的,是惠及全体人民的,社会保障有其存在的必要性,同时还有多种分类需要我们区分作用地位。即使我国近年取得了重大的社会保障成就,但仍需要完善,要公平公正,要尽力而为、量力而行,要权责清晰		
课后作业		《新高考领航一线课堂》相关练习,整理笔记		

板书设计	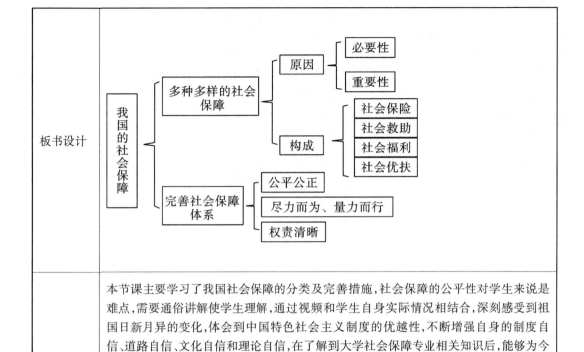
教学反思	本节课主要学习了我国社会保障的分类及完善措施,社会保障的公平性对学生来说是难点,需要通俗讲解使学生理解,通过视频和学生自身实际情况相结合,深刻感受到祖国日新月异的变化,体会到中国特色社会主义制度的优越性,不断增强自身的制度自信、道路自信、文化自信和理论自信,在了解到大学社会保障专业相关知识后,能够为今后的大学专业选择提供指导,开阔眼界,努力引导学生成为担当民族复兴大任的时代新人。 在日常的教学活动中,要提高学生认识世界和改造世界的能力,认识到生涯规划是影响学生高中生活乃至大学生活工作的重要规划,教师在教学过程中融入当前国家世界社会及经济的发展趋势,行业就业状况,未来的就业机会,引导学生树立正确的人生观、价值观

生涯规划在高中历史教学中的引领

《世界殖民体系的瓦解与新兴国家的发展》 教学设计方案

孟舟君

课型	新授课	课题	世界殖民体系的瓦解与新兴国家的发展	教材版本	统编版
年级	高一	课时	1课时	授课教师	孟舟君
课程标准	通过了解第二次世界大战后第三世界国家的变化,认识其发展中的成就与问题				
教学目标	根据所给材料并结合教科书相关内容,梳理第二次世界大战后亚非拉民族民主运动的主要事件,叙述世界殖民体系的崩溃过程、独立后取得的经济发展成就以及面临的挑战。说明世界殖民体系瓦解的原因,指出殖民体系瓦解的必然性。分析新兴国家发展中遇到挑战的原因,概括新兴国家发展对国际形势的影响。联系现实,论述保持改革进取和建立国际新秩序的必要性。感受历史学科的社会责任感,引导学生了解历史学相关专业				
教材分析	本课的主题为"二战"后世界殖民体系的瓦解与新兴国家的发展,选取亚洲、非洲、拉丁美洲独立进程具有代表性的国家,通过简述"二战"结束后世界殖民体系瓦解的过程,展示"二战"后发展中国家的形成与发展,揭示世界殖民体系崩溃是人类历史的巨大进步;通过介绍发展中国家取得的成就和面临的挑战,分析形成挑战的原因,阐释建立国际新秩序和进行内部改革的必要性				
学情分析	学生在初中已经学过亚非拉等国的民族民主运动,初步认识了民族解放运动过程中涌现出的优秀历史人物。但对"二战"后亚非拉诸国取得独立的原因、独立后取得的成就及面临的问题了解较少。本课时空跨度非常大,涉及国家众多,每个新兴国家都有自己独特的独立与发展道路。高一年级的学生对复杂情境下的复杂问题具备了一定的探究能力,但不善于主动构建知识体系,分析问题还缺乏深度,历史知识储备有限				
生涯设计	突出历史学科对于家国情怀培育的重要作用,增强学生的历史使命感,意识到历史学对于文明传承与发展的重要作用。习近平总书记关于历史科学的重要论述,就如何认识历史、研究历史,如何以史为鉴,更好地把握当下、走向未来,做了深刻阐述,充分体现了唯物史观的精髓,闪耀着马克思主义思想的光辉,是习近平新时代中国特色社会主义思想的有机组成部分,为我们在新时代开展历史研究、繁荣发展历史科学勾画了蓝图				

重点难点	重点	世界殖民体系的崩溃过程;"二战"后独立的发展中国家取得的成就和面临的问题		
	难点	如何理解独立后的发展中国家面临的发展挑战		
设计思路	注重单元整体联系,促进历史和现实的结合,利用多媒体教学。充分利用教科书史料,创设情境进行教学			
教学方法	情境学习法、问题导向教学、讲授法、讨论法			
教学过程	手段	教师活动	学生活动	教学设计意图
导入新课	课件展示	**教师活动1** 复述教科书132页"问题探究"中英国前首相艾德礼关于"二战"后殖民体系瓦解原因的论述,提出问题:"二战"后殖民帝国迅速瓦解真如艾德礼所说是殖民者自愿放弃的结果吗?为什么? **第一目 世界殖民体系的崩溃** 教师过渡:"二战"后亚非拉国家进入民族独立运动的高潮,在不到半个世纪的时间里,西方殖民列强历时数百年构建的世界殖民体系迅速瓦解,在原来的殖民地诞生了为数众多的新兴民族独立国家。 **教师活动2** 教师设问:阅读教科书,找出"二战"后世界殖民体系的崩溃过程中的重要的时间和事件,并绘制表格按时空顺序将独立的国家排列起来,结合表格描述殖民体系崩溃的过程。 教师总结:1945—1991年,全世界有90多个国家通过自己的抗争摆脱殖民统治获得独立,摧毁了世界殖民体系。 **教师活动3** 教师设问:请同学们结合所学知识思考,是什么原因让殖民体系以如此惊人的速度瓦解? 教师总结:世界殖民体系的崩溃是20世纪伟大的变化之一,是历史发展的必然结果,也是人类历史的巨大进步	**学生活动1** 回忆第13、16课殖民地人民反抗殖民统治的活动,结合本课内容,对艾德礼的归因提出怀疑。 **学生活动2** 学生通读教科书后,在笔记本上简要绘制表格。依据表格简述殖民体系崩溃过程。 **学生活动3** 根据教科书进行总结:"二战"使宗主国国力衰落,无力维系海外殖民地统治;民族民主意识增强;美苏两大阵营对峙,社会主义阵营的支持;联合国非殖民化活动的推动等	利用材料创设情境,引起学生对殖民体系崩溃原因的思考,引导学生通过搜集和解读史料证明自己的观点。 通过完成新兴国家独立年表,梳理殖民体系瓦解过程,探寻殖民体系瓦解的真正原因。论证过程中完成了本课重点学习任务,锻炼了用史料证明观点的能力,培养史料实证意识。又通过殖民国家和被殖民国家双方对殖民体系瓦解的归因差异认识历史解释往往存在特定立场,由此更加深刻地领悟唯物史观对历史学习的指导意义

导入新课	课件展示	第二目 发展中国家的成就 教师过渡:冷战与两极格局的出现既为亚非拉民族解放运动创造了条件,也为亚非拉国家的发展提供了较长时间的和平与稳定的环境。他们利用本国优势,探索适合本国国情的道路,取得了一定成就。 教师活动4 教师设问:请根据教科书第二目内容,概括发展中国家的优势及成就	学生活动4 学生展示表格,并加以说明。 东南亚优势是人口数量,利用外资,发展劳动密集型产业;西亚石油资源丰富,通过石油输出实现"石油繁荣";非洲自然资源丰富,曲折向上发展;拉丁美洲走"中间道路",发展民族工业,成为中等收入国家	引导学生提取信息,知道获得独立的民族与国家在现代化建设中迸发了强大的生命力,根据自己的国情制定发展规划,取得了巨大的成就
讲授新课	课件展示	第三目 发展中国家面临的挑战 材料1:目前全球共有46个最不发达国家,其中非洲33个,亚洲太平洋地区12个,加勒比地区1个。 ——2023年联合国最不发达国家问题会议 教师过渡:根据报告,可见很多发展中国家仍然处于较低的发展水平。 教师活动5 教师设问:请同学们阅读教科书及下列材料,尝试对发展中国家面临的挑战进行归纳。 材料2:"史料阅读"(略,见教科书第129页) 材料3:英国在准备移交政权的过程中,继续施展其传统的"分而治之"政策。它极力扩大国大党与穆盟之间的分歧,以及印度教徒和穆斯林之间的冲突……蒙巴顿方案公布后仇杀达到高潮。据统计,约有50万人在相互殴斗、残杀中死去。 ——摘编自吴于廑、齐世荣《世界史现代史编》 教师设问:为突破挑战,促进国家的持续发展,发展中国家应该做出怎样的努力?	学生活动5 殖民者保留了一些重要的殖民利益。遗留下来的边界矛盾和民族矛盾造成地区冲突和政局动荡。发展中国家自身存在政策失误、人口过快增长、社会两极分化等问题。新殖民主义、垄断现代科学技术、文化殖民等。 结合132页"学习拓展"并联系现实进行论述	通过材料创设情境,直观的感受发展中国家目前的发展水平,激起学生对发展中国家困境及困境产生原因的思考,引导学生关心国家发展前景和人类命运

讲授新课	课件展示	生涯指导： 历史是最好的教科书,是最好的清醒剂。一个没有历史记忆的国家,是没有前途的,历史研究在新时代受到空前重视,享有前所未有的发展机遇,肩负着更为重要的使命,发挥着不可替代的作用。 历史学类主要包括历史学、世界史、考古学、文物与博物馆学、文物保护技术。 未来职业方向:历史学家、考古学家、中学教师、文物鉴定保护专业人员、博物馆管理员。 学校推荐:北京大学、复旦大学、北京师范大学、南京大学、清华大学、中国人民大学、华东师范大学、南开大学、武汉大学、华中师范大学、东北师范大学、中山大学、四川大学、浙江大学、首都师范大学、厦门大学等	明确学习历史的重要性及必要性,了解历史学的研究内容、就职方向和优秀院校	突出历史学科对于家国情怀培育的重要作用,增强学生的历史使命感,意识到历史学对于文明传承与发展的重要作用
课堂小结	本节课我们学习了世界殖民体系的瓦解,新兴独立国家的发展以及它们所面临的各种问题。"第三世界"国家阵营不仅冲击了旧的国际体系,而且在构建新的国际秩序中发挥着越来越重要的作用。发展之路艰辛曲折,复兴之路任重道远,只有保持改革进取,积极推动建立国际新秩序,才能实现国际关系民主化,使发展中国家有效参与国际决策进程,真正实现世界和平与发展。历史记录着国家的过去,记录着国家和民族曾经经历的苦难			
课后作业	利用互联网和图书馆,查找亚非拉独立的相关史料合并所学知识,概括"二战"后亚非拉民族解放运动的斗争方式和特点。并根据教科书分析新兴独立国家的斗争方式发生的变化			
板书设计				

教学反思	本课涉及的内容时间跨度长,地理范围广,涉及国家多,对学生提出了较高的要求。需要学生有一定的知识储备,并进行充分预习。可以在课前规划好相应的阅读材料。本设计有利于增强对殖民体系的整体认识。但限于课时要求,本课设计未能在课上对殖民体系的建立和发展过程进行复习梳理。对一些问题的讨论也仅是浅尝辄止,尚待延伸拓展

《辛亥革命》教学设计方案

谢 鹏

课型	新授课	课题	辛亥革命	教材版本	部编版
年级	高一	课时	1课时	授课教师	谢鹏
课程标准	了解孙中山三民主义的基本内容,理解辛亥革命与中华民国建立对中国结束帝制、建立民国的意义及局限性				
教学目标	1.通过分析孙中山的主要活动,叙述三民主义的内容,说出辛亥革命发生的重大历史背景。 2.根据教科书相关内容和补充材料,能够说明《中华民国临时约法》颁布的进步意义。 3.通过分析相关历史材料,解释辛亥革命和中华民国建立对中国结束帝制、建立民国的意义以及历史局限性,全面评价辛亥革命				
教材分析	本课共有三个子目:一是资产阶级民主革命的兴起,二是武昌起义与中华民国的建立,三是辛亥革命的历史意义。前两个子目呈现时间发展顺序和递进关系,即早期资产阶级革命运动的兴起与开展为武昌起义爆发和中华民国建立做铺垫。最后一个子目呈现的是对辛亥革命的历史评价,体现了对本课内容的总结和深化				
学情分析	高一年级的学生在初中阶段(初中八年级上册教材第8、9课)已经学习过辛亥革命相关内容,有一定的史实基础,且具备一定历史学习能力,但仍缺乏对革命背景和历史评价的深刻理解。因此高一学生需要在教师的引导下阅读分析史料,进行本课的学习				
生涯设计	本课以引领学生生涯规划为目标,通过对辛亥革命的历程梳理和评价的分析,阐释中国社会由人治走向法治的政治民主化历史,通过对法律专业、院校和就业方向的介绍,引领学生思考自己的职业生涯规划和相关选择				
重点难点	重点	三民主义思想和辛亥革命的影响			
	难点	正确认识辛亥革命的历史意义与历史局限性			
设计思路	本课主要聚焦辛亥革命的发生、发展、评价。通过梳理辛亥革命的发生,分析当时人们所处的历史环境,培养学生时空观念核心素养。通过阐释辛亥革命的发展,体会中国近代民主革命的法治化历程,培养学生唯物史观、历史解释核心素养。通过分析辛亥革命的评价,辩证地看待辛亥革命这一历史事件,培养学生史料实证核心素养。在整节课的学习中,让学生体会到孙中山等先进人士的爱国主义、奋斗主义、革命精神和创新精神,感悟先辈们追求共和、法治、民主的人文精神,从而培养家国情怀核心素养				
教学方法	图示法、讲授法、史料教学法、问题教学法				

教学过程	手段	教师活动	学生活动	教学设计意图
导入新课	课件展示	1912年2月12日,紫禁城从睡梦中刚刚清醒过来。这是一个普通的日子,但对于古老的中国,却是一个不平凡的日子,宣告清朝皇室268年的统治结束,更宣告2000多年的封建君主专制的结束。而这一转折,来自辛亥革命	思考辛亥革命对中国发展的重要性	通过设置情境来导入新课,让学生感受历史的脉动
讲授新课	课件展示	一、寻求共和 1.教师讲述:20世纪初的中国,处于内忧外患的窘境中,为了挽救民族危机,以孙中山为代表的革命党人进行了一系列艰苦的努力,为辛亥革命的爆发奠定基础。引导学生阅读教材,归纳革命党人早期革命活动。根据学生回答,完善表格。展示相关资料,创设情境,带领学生理解革命党人早期革命准备。师生互动,梳理革命党人的活动,理解辛亥革命的基础。 2.教师引导学生分析《民报》发刊词,结合同盟会的16字纲领分析三民主义思想。根据学生回答结果总结: 驱除鞑虏,恢复中华→民族主义←推翻清王朝,实现民族独立(民族革命); 创立民国→民权主义【核心】←推翻帝制,建立民主共和国(政治革命); 平均地权→民生主义←核定地价,国民共享(社会革命)。 二、走向共和 1.根据教材内容,介绍武昌起义的主要经过和结果。1912年颁布《中华民国临时约法》,引导学生分析其历史意义。 2.教师追问:你还知道哪些法律?起到怎样的作用?你是如何认识法学的?中国有哪些学校开设法学专业?法学专业就业前景如何? 三、反思共和 从政治、经济、思想文化、社会习俗等方面,分析辛亥革命对中国社会近代化进程的影响。 推动了政治民主化; 推动了经济工业化; 使民主共和观念深入人心; 促进社会生活习俗的变迁; 未完成反帝反封建的任务,未改变中国半殖民地半封建社会性质	任务一:自主阅读教材,完成表格。 任务二:阅读教材"学思之窗"材料,归纳三民主义的主要内容。 任务三:阅读材料,分析《中华民国临时约法》在中国法制史上的进步意义。 任务四:阅读教科书和材料,归纳辛亥革命的评价	通过梳理表格,提高有效获取信息的能力。通过革命党人早期的革命活动,引导学生感悟革命先辈奋斗的精神。结合教材"学思之窗"内容,根据课程标准"了解孙中山三民主义的基本内容"了解孙中山的三民主义思想的基本内涵。 通过对比同时期的两部文献,理解《中华民国临时约法》的历史进步性,通过对专业了解和认识,激发学生职业生涯意识。 通过史料阅读和分析,培养学生唯物史观和史料实证的学科素养

课堂小结	辛亥革命结束了延续2000多年的君主专制,建立了民主共和国。辛亥革命促使中国经济、思想和风俗等各方面的新变化与发展。辛亥革命使得中国逐渐融入世界法治建设的潮流中,是中国人民为挽救危机、救亡图存、振兴中华的一个里程碑,为中国的进步打开了闸门
课后作业	连环画是一种独特的中国传统艺术,以连续的图画叙述故事、刻画人物,题材广泛,内容生动形象,效果良好,是一种通俗读物。辛亥革命是中国历史重要阶段,涌现出无数进步人士和先进事迹,请以"辛亥革命中的奋斗"为主题,穿插历史人物活动,设计一幅辛亥革命奋斗史组图,要求组图不少于五幅,图文并茂
板书设计	第19课　辛亥革命 寻求共和:中山活动、三民主义 建立共和:建立民国、颁布宪法 反思共和:进步意义、历史局限
教学反思	本节课主要学习了辛亥革命的发生、发展、评价三个内容,我将本课的重点设置为"辛亥革命"的思想基础、成果和影响,主要涉及事实性知识与概念性理解;难点设置为正确认识辛亥革命的历史意义与历史局限性,旨在培养学生用一分为二的观点评判某一历史事件的辩证思维能力。通过开放式作业的布置,进一步了解辛亥革命的相关史实,深化了本节课的理解。在教学过程中,以史料分析法和启发式教学法为主要手段开展教学。注重学生的参与度,通过展示图片与史料、提问和讨论等多种形式,让学生直接参与课堂活动。通过本课学习,学生意识到法治的重要性,法律是治理国家和规范社会的有效途径,而辛亥革命作为一场比较完全意义上的民族民主革命运动,是中国近代化法治化道路上的一次重要探索,对当今国家建设也具有现实意义。通过本课的学习,使学生对法学专业、相关院校和就业方向与前景有了初步的印象和认识,引领学生思考自己的职业生涯规划

《历史上的疫病与医学成就》教学设计方案

谭小民

课型	新授课	课题	历史上的疫病与医学成就	教材版本	人教版
年级	高二	课时	1课时	授课教师	谭小民
课程标准	知道古代历史上疫病的流行与影响;了解中医药的主要成就和西医在中国的传播、发展过程				
教学目标	1.了解历史上重大疫病发生的特定时空背景,培养学生的时空观念。 2.让学生了解古今中外对疫病防治的努力,以及中医的成就,培养学生的家国情怀。 3.通过对疫病的介绍,和中医药行业的介绍,对学生进行生涯唤醒				
教材分析	本课是选择性必修2《经济与社会生活》,第六单元第14课。本课分为三个子目,一是历史上的疫病,主要介绍了历史上的重大疫病和应对措施;二是中医药的成就,主要介绍了中医药取得的突出成就;三是西医在中国的传播。三个子目逻辑关系紧密,层级递进,使学生有一个清晰的逻辑线索				
学情分析	1.本课的受众是高二学生,他们已经学习了《中外历史纲要》,对本课的部分知识有了一定的了解,但不够深入。 2.学生刚刚经过了新冠疫情,对疫病亲身的经历使他们能充分感受到什么是疫病,也懂得了一些防治措施,以及公共卫生防治的一些知识。这些实践经验对于学习本课很有帮助				
生涯设计	通过对本课的学习,使学生认识疫病及防治方法,激发学生对疫病防治工作的兴趣,引导学生更深入地去了解疫病防治及其他公共卫生行业,从而达到生涯唤醒的目的。 给学生深入介绍古今中医文化及中医成就,以期待学生能够增强民族自豪感,树立文化自信心,从而唤醒学生从事中医行业的兴趣点				
重点难点	重点	知道古代的疫病及防治措施,了解中医药的成就			
	难点	理解疫病对人类历史进程的影响			
设计思路	以新冠疫情为切入点激发学生参与学习和讨论的兴趣。通过对古今中外疫病防治及传统中医药成就等内容的梳理,培养学生的时空观念,激发学生的民族自豪感和树立文化自信心。 在内容讲授的过程中,穿插两位最美逆行者,使学生树立榜样,激发学生立志从事疫情防治行业和以发扬光大祖国中医药文化为己任的职业志向,以达到渗透职业生涯教育的目的				

教学方法	讲授法、直观展示、小组合作探究法			
教学过程	手段	教师活动	学生活动	教学设计意图
导入新课	实物展示	展示新冠疫情防控期间同学们熟悉的核酸检测站。 请同学们说一说新冠疫情防控期间所经历的点点滴滴	述说新冠疫情防控期间的点点滴滴,引发回忆和思考	以学生刚刚亲身经历的新冠疫情为切入点,创建情景,激发学生的学习兴趣,调动学生探讨此问题的积极性
讲授新课	课件展示(表格及图片)	概念阐释 根据亲身经历说说何为疫病,有何特点。 "疫者,民皆病也。"——许慎《说文解字》 含义:疫病是指由细菌、病毒等强烈致病性微生物感染人体而引起的急性传染病。 特点: 范围广,时间长;传播速度快,死亡率高。 一、了解疫病 (一)历史上的重大疫病 【合作学习】仔细阅读课本第82页和第83页,完成下列表格。 天花 — 古埃及时期 / 18世纪 / 中国清朝 鼠疫 — 古希腊 / 6世纪 / 14世纪 / 明朝末年 黄热病 — 17—19世纪 斑疹伤寒 — 20世纪早期 西班牙流感 — 1918—1919年 (二)疫病对人类历史的影响 【合作学习】 结合材料,疫病对人类社会产生了哪些影响?(小组合作完成) 二、疫病的防治	任务一:阅读课文,回答问题。 任务二:阅读史料,小组研讨,分析史料,得出结论	通过阅读课本回归基础知识。 通过小组合作的方式,培养学生合作沟通能力; 通过分析史料,训练学生史料实证的能力

<table>
<tr>
<td>讲授新课</td>
<td>课件展示（表格及图片）</td>
<td>
【合作学习】仔细阅读课本第 83 页和第 84 页，完成下列表格。
<table>
<tr><th>措施</th><th>时期</th><th>具体实施</th></tr>
<tr><td rowspan="2">重视公共卫生</td><td>古罗马</td><td></td></tr>
<tr><td>古中国</td><td></td></tr>
<tr><td rowspan="2">探索疫病防治方法</td><td>东晋</td><td></td></tr>
<tr><td>明代</td><td></td></tr>
<tr><td rowspan="3">建立救治机构</td><td>西汉后期</td><td></td></tr>
<tr><td>隋唐时期</td><td></td></tr>
<tr><td>古罗马</td><td></td></tr>
<tr><td rowspan="3">近代医学的进步</td><td>18 世纪晚期</td><td></td></tr>
<tr><td>19 世纪</td><td></td></tr>
<tr><td>1928 年</td><td></td></tr>
</table>
三、医学成就
（一）中医成就
【合作学习】仔细阅读课本第 84 页和第 85 页，完成下列表格。
<table>
<tr><th>时期</th><th>人物</th><th>成就</th><th>意义</th></tr>
<tr><td>战国</td><td></td><td></td><td></td></tr>
<tr><td rowspan="2">东汉晚期</td><td></td><td></td><td></td></tr>
<tr><td></td><td></td><td></td></tr>
<tr><td>东晋</td><td></td><td></td><td></td></tr>
<tr><td rowspan="2">唐朝</td><td></td><td></td><td></td></tr>
<tr><td></td><td></td><td></td></tr>
<tr><td>北宋</td><td></td><td></td><td></td></tr>
<tr><td>明朝</td><td></td><td></td><td></td></tr>
<tr><td>清朝</td><td></td><td></td><td></td></tr>
<tr><td>新中国成立后</td><td></td><td></td><td></td></tr>
</table>
中医独特疗法：
中药、针灸、拔罐、熏蒸、贴敷、刮痧、药浴等
（二）西医在中国的传播
杏林国士（情感升华，职业唤醒）
伍连德，李兰娟
“人类文明史，也是一部同疾病和灾难的斗争史。”
——习近平
</td>
<td>任务三：阅读资料，找出古今中外应对疫病的方法，认识中西医在疫病防治中的重要作用。

任务四：认识中医的独特魅力，回忆疫情防控期间的点滴。说说最美逆行者</td>
<td>激发学生的社会责任感，唤醒学生生涯意识，鼓励学生将投身于疫病防治的伟大事业中去。
让学生认识到中医的神奇和伟大，增强文化自信，从而励志把中医这一中华民族的瑰宝发扬光大</td>
</tr>
</table>

课堂小结	对本课内容小结 一、了解疫病 二、防治疫病 三、医学成就 激发情感： 在这漫长的历史长河中有很多人,为了人类能够战胜疫病这一恶魔而倒下。请记住他们吧！我们不希望黑暗来临,但我们也不惧怕黑暗,有一天新的恶魔再一次降临人间的时候,希望你们能够勇往直前,成为拯救人类的天使
课后作业	课内作业,完成相关习题 实践性作业： 1.搜集整理从古至今疫情资料,汇编成一本小册子。 2.利用各种工具深入地了解公共卫生领域,中医药领域
板书设计	一、历史上的疫病与防治 疫病含义：细菌、病毒引起的急性传染病 种类:天花、鼠疫、黄热病、大流感等 措施:公共卫生、收治机构、隔离防治、接种等 影响:政治、经济、思想、军事、社会 二、中医药的成就 战国至新中国成立成就 三、西医的传播 化学、生物、物理等科学实验为依托,借助精密仪器进行数据分析
教学反思	1.在备课的过程中,深切地体会到了新教材容量之大。因此在内容的取舍和授课的深度方面处理还有不到位的地方。 2.在教学过程中与学生互动良好,内容也很丰富,但感觉深度不足,很多教学环节只能点到为止。 3.在授课过程中,由于时间关系学生的课堂探究大大压缩,在史料选择上也还需要精简

生涯规划在高中地理教学中的引领

《商品谷物农业》教学设计方案

张冬梅

课型	新授课	课题	商品谷物农业	教材版本	人教版
年级	高一	课时	1课时	授课教师	张冬梅
课程标准	分析农业区位因素,举例说明主要农业地域类型特点及其形成条件				
教学目标	1.读图分析美国商品谷物农业形成的区位条件。 2.归纳美国商品谷物农业的特点,分析对比季风水田农业和商品谷物农业的形成条件和特点				
教材分析	本节课是以种植业为主的农业地域类型的第二课时,是在学习季风水田农业的基础上进一步学会如何分析某一种农业地域类型的特点及区位条件,特别是分析农业地域类型特点与主要区位条件之间的关系,是前一节知识的应用和延伸。 商品谷物农业是世界上生产商品粮的主要农业地域类型。美国是世界最大的粮食出口国,其商品谷物农业也最为典型,因此教材选择美国作为商品谷物农业的典型区域进行分析,归纳商品谷物农业生产的特点和区位因素。但教材中只提供了部分区位条件的文本和图片信息,而美国的气候、年降水量、地形、水源、人口密度、工业区分布等方面区位条件分析需要补充相关材料和图片				
学情分析	部分学生缺乏对农业生产活动的亲身感知,但是学生在学习初中中国地理时,对农业有了初步了解。本单元第一节农业的区位选择、第二节第一课时季风水田农业的学习后已经掌握农业地域类型学习思路和方法,学生通过高一年级第一学期的学习,基本掌握读图识图析图的能力和方法,因此学生可以根据教材内容和导学案材料信息的提供,通过自主学习和小组合作探究的方法完成教学目标				
生涯设计	学生通过对本节课的学习,初步了解到中国农业发展与美国等发达国家农业生产存在差异,激发学生对农业科技方面的研究,进而介绍相关大学和专业,使学生的学习有目标性,增强自身对未来职业的规划意识				
重点难点	重点	商品谷物农业的区位条件和基本特征			
	难点	围绕商品谷物农业商品率高的特点,引导学生分析商品谷物农业主要区位因素对这一特点的交叉影响			
设计思路	视频导入激发学生探索欲望,明确学习思路,通过自主学习和小组合作探究的方法来完成教学目标				
教学方法	学案导学法、小组合作探究法、自主学习法等				

教学过程	手段	教师活动	学生活动	教学设计意图
导入新课	课件展示(视频播放)	1.播放"美国商品谷物农业"农场视频 2.提出问题:同学观看视频后,从中看出此农场最突出的农业生产特点是什么?	自主观看视频,主动回答老师的问题,明确本节学习思路	视频创设情境,激发学生的学习兴趣,调动学生学习的积极性
讲授新课	课件展示	方法指导:农业地域类型的学习方法或思路——定义、农作物、分布、区位条件、生产特点。 任务一: 教师布置任务:根据学习方法请同学自主走进文本,明确商品谷物农业的定义、农作物和分布。 任务二: 1.美国是世界上最大的商品谷物生产国,以美国为例分析美国商品谷物农业的区位优势条件。(指导要求学生结合教材第50页文本及发放导学案中合作探究一:美国气候图、年降水量图、美国地形与河流分布图、美国人口密度图及工业区分布图进行分析总结) 2.围绕商品率高的特点,引导学生分析商品谷物农业形成主要区位因素之间的关系及对商品率的交叉影响 任务三: 1.引导学生回顾季风水田农业生产特点。对比分析总结商品谷物农业生产特点。 2.指导总结农业地域类型生产特点的答题方法。 任务四: 中国是一个农业大国,介绍中国农业发展现状,对比我国玉米带与美国玉米带单产方面的差异性并究其社会经济因素方面的原因,引导学生对我国农业发展的重视,介绍与之相关的大学和专业	任务一:走进文本,回答问题 任务二: 1.走进文本及结合导学案提供图文材料,小组讨论,相互交流。思考讨论后各小组派代表展示美国商品谷物农业的区位优势条件的分析过程及结论。 2.学生结合所学内容自主独立思考完成导学案中合作探究。 任务二: 读图思考,动手画画示意图的内容。小组讨论合作后进行展示,其他小组质疑补充。 任务三: 学生回答问题,并总结农业地域类型生产特点的答题方法或思路。 任务四: 学生根据表格对比方法,分析中国玉米带与美国玉米带的差异原因,引发自己对职业的规划思考	1.引导学生快速进入学习状态培养学生自主学习独立思考的能力。 2.通过小组合作讨论方式,培养学生合作沟通的能力。通过对图文材料的分析,锻炼学生读图析图的能力及归纳总结能力。 3.完成动手画一画锻炼学生逻辑性思维思考分析各要素之间的关联性。 4.培养学生答题建模的能力,规范答题方法。 5.初步了解中国农业发展与美国等发达国家农业生产存在差异,激发学生对农业科技方面的研究,进而介绍相关大学和专业,使学生的学习有目标性

课堂小结	通过本节课的学习,同学们掌握了商品谷物农业这一农业地域类型的特点和区位条件,并总结出农业地域类型生产特点的分析方法。通过对比的方法明确我国农业发展的不足之处,进而希望同学们通过自身努力为我国农业发展贡献自己的力量
课后作业	结合所学内容,分析赤峰市宁城县苹果种植的区位优势条件,结合相应材料分析发展苹果种植的不利条件并提出相应的解决措施
板书设计	定义 农作物 { 商品谷物农业 { 区位条件(以美国为例) 交叉 影响 特征 分布
教学反思	本节课采用视频导入吸引学生眼球,激发学生探究学习的欲望。明确学习思路后通过小组合作的方式突破重难点,学生成为课堂真正的主人,教师起到引导的作用。以美国为例分析商品谷物农业区位条件及特点,同时对比我国和美国农业发展的差异及原因,引发学生的职业方面的规划。但在时间控制上需要教师的灵活掌握,否则容易出现课堂时间前松后紧的情况

《人类面临的主要环境问题》教学设计方案

张明慧

课型	新授课	课题	人类面临的主要环境问题	教材版本	人教版
年级	高一	课时	1课时	授课教师	张明慧
课程标准	运用资料,归纳人类面临的主要环境问题,说明协调人地关系和可持续发展的主要途径和缘由				
教学目标	1.综合思维:结合实例,理解环境问题的表现,学会综合分析环境问题产生的原因。 2.区域认知:运用资料获取信息,归纳当前人类面临的主要环境问题,并能够简单说明其分布的地区差异。 3.人地协调观:认识当前环境问题的严重性,树立人地协调观和可持续发展观。 4.地理实践力:根据所学内容对生活中常见的污染能够进行判别与应对				
教材分析	只有弄清楚当下存在的环境问题的主要类型以及成因,才能更好地寻找解决措施,意识到人地和谐和可持续发展的重要性。因此,"人类面临的主要环境问题"在本章中起着铺垫的作用。这一节内容知识的原理性和规律性不强,重点在于培养分析环境问题的原因,提出应对措施,树立人地协调观				
学情分析	环境问题在实际生活中比较常见,与学生的生活实际联系紧密,学生对此有一定的了解,学习兴趣较强,不需要铺垫过多背景知识学生便可进入情境。高一学生的认知处于由感性认知向理性认知的过渡阶段。学生之前对环境问题大多是感性认知层面,可能没有环境问题的类型,深入思考其发生的原因。因此在教学中要注意引导学生对环境问题进行深入的了解并形成理性认知,归纳主要的环境问题类型、分布地区等				
生涯设计	将本节课中环境这一地理知识与环境工程专业以及该专业的开设课程、选科建议、职业类型、就业前景等有机融合,进行生涯规划教育,有利于让学生清晰地认识到地理学科的社会意义及价值,也能让学生认识、理解有关环境工程专业的就业前景及体现的社会意义及价值,激发学生内动力。在内蒙古自治区新高考改革的背景下,高一年级的学生应提前对自己的未来有所认识及规划,本节课在完成教学目标的同时让学生对未来有思考,设定目标,并为接下来的选科奠定基础				
重点难点	重点	环境问题及其产生的原因			
	难点	运用不同区域实例或资料,列举环境问题对区域带来的影响			

设计思路	议题1:海洋不是日本的垃圾桶,太平洋不是日本的下水道! 议题2:小岛国联盟的忧虑 议题3:过度垦荒带来的环境影响 议题4:全球环境问题总结 通过四个实例的议题,让学生了解环境问题表现为自然资源枯竭、生态破坏和环境污染,让学生列举环境问题对区域带来的影响,从而对环境问题有更加深刻的认识			
教学方法	案例教学法、小组合作探究法			
教学过程	手段	教师活动	学生活动	教学设计意图
导入新课	课件展示（视频）	情境创设:2021年4月13日,日本政府公开宣布,将福岛核电站积压超过123万吨的核废水排入太平洋。世界舆论一片哗然!全球民众和环保主义者极力反对,各国政府、媒体更是纷纷谴责与抗议!但日本政府仍然一意孤行,于2023年8月24日将福岛第一核电站核污染水排入海洋。在此期间世界环保组织召开多次网络会议,对目前各国面临的主要环境问题进行讨论	1.对日本政府破坏环境的行为进行思考。 2.整理课前准备的资料,在分析具体议题时让学生展开讨论	1.以日本政府的不良行为展开这次会议的议题,新闻真实且具有时效性,学生易产生共鸣。 2.引发学生思考:什么是环境问题?环境问题是怎么产生的?人类面临的环境问题有哪些?
讲授新课	课件展示	议题1:海洋不是日本的垃圾桶,太平洋不是日本的下水道! 1.日本排放的核废水会影响到哪些地区?海洋会自净这些污染物吗? 2.核废水会带来哪些危害? 3.生活中还存在哪些环境污染问题	任务一: 1.联系必修一学过的《洋流》的相关知识进行分析。 2.联系生活实际,说出核废水会带来的危害。 3.对生活中的其他环境污染问题进行归纳和总结	复习知识,思考环境污染带来的影响。让学生积极参与到课堂中,通过对实际问题的思考来认识环境污染带来的影响。提升学生的归纳总结能力和理解能力,并思考这些环境污染问题是如何产生的

			议题2：小岛国联盟的忧虑。 1.小岛国忧虑什么？你认为他们的担心有道理吗？ 2.绘制思维导图，说明全球变暖带来的一系列影响	任务二：阅读教材案例，小组讨论，相互交流，思考对斯里兰卡等岛国来说环境问题是什么。并动手绘制联系框图，建立不同环境问题之间的存在的内在联系	通过真实案例，让学生理解环境问题不仅仅是环境污染问题，加强学生的动手能力和思维能力，通过将各种环境问题进行整理，发现他们之间存在内在联系
讲授新课	课件展示		议题3：过度垦荒带来的环境影响。 过度垦荒会带来哪些环境问题？ 耕地面积扩大了，但是越垦越穷，这是为什么？	任务三： 1.思考中国不同地区之间存在的过度垦荒方式对区域带来的影响。 2.辩证地看待耕地面积扩大现象	通过思考中国不同地区之间存在的过度垦荒方式，让学生思考生态破坏问题对区域带来的影响，并学会辩证地看待问题
			议题4：全球环境问题总结。 你能列举哪些环境问题？ 环境问题是如何产生的？ 在不同地区环境问题的表现有何特点？	任务四：对前面讲述进行归纳和整理，并思考其产生的缘由，对比发达国家和发展中国家环境问题的表现有何区别？对比农村和城市环境问题的表现有何区别？	提升学生的归纳总结能力和思考问题的能力，整理出环境问题产生的思维逻辑链。通过对不同地区的环境问题进行对比，让学生对不同地区的环境问题有更加深刻的理解
			面对如此严峻的环境问题，大家能做点什么呢？ 职业畅谈——环境工程专业 教师从常见职业、开设课程、选科建议、开设院校以及未来就业几个方面对环境工程专业进行生涯规划渗透，唤醒学生生涯意识	学生思考面临当前的环境问题我们个人能做些什么，并在老师介绍环境工程专业的同时对自己的生涯进行思考规划	激发学生的社会责任感，唤醒学生的生涯意识。鼓励学生将来学习环境工程专业，树立人地协调观念的同时解决环境问题，实现自身的社会价值

课堂小结	本节课我们一起学习了环境问题的基本概念、环境问题产生的原因、环境问题的分布特征特点。日益严重的环境问题,已引起世界各国普遍的忧虑和关切。如何协调人与自然的关系,探索一条可持续的发展道路,已成为当前关乎人类自身命运和前途的一个重大课题
课后作业	组织一节小组竞赛展示课,让学生们寻找身边的环境问题,以图片或视频的形式向大家展示,并阐述该环境问题的表现、成因、影响及解决方法
板书设计	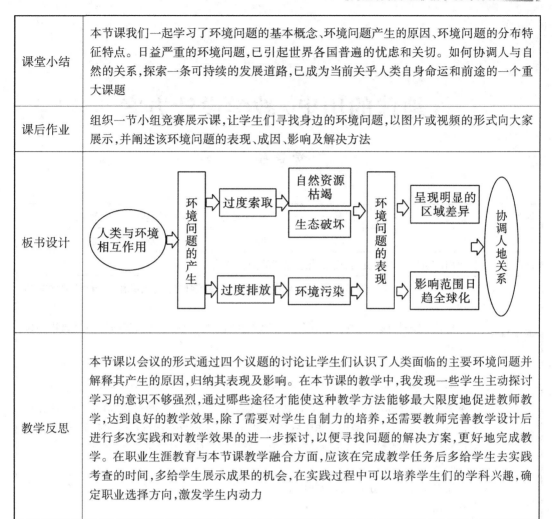
教学反思	本节课以会议的形式通过四个议题的讨论让学生们认识了人类面临的主要环境问题并解释其产生的原因,归纳其表现及影响。在本节课的教学中,我发现一些学生主动探讨学习的意识不够强烈,通过哪些途径才能使这种教学方法能够最大限度地促进教师教学,达到良好的教学效果,除了需要对学生自制力的培养,还需要教师完善教学设计后进行多次实践和对教学效果的进一步探讨,以便寻找问题的解决方案,更好地完成教学。在职业生涯教育与本节课教学融合方面,应该在完成教学任务后多给学生去实践考查的时间,多给学生展示成果的机会,在实践过程中可以培养学生们的学科兴趣,确定职业选择方向,激发学生内动力

《地球的历史》教学设计方案

常景娟

课型	新授课	课题	地球的历史	教材版本	人教版
年级	高一	课时	1课时	授课教师	常景娟
课程标准	运用地质年代表等资料,简要描述地球的演化历史				
教学目标	1.人地协调观:了解地球生命历史与古地理环境,探索地球演化奥秘,培养科学探究精神。 2.综合思维:从地壳运动、生物演化、环境等方面,分析不同地质历史时期地球演化的特征。 3.区域认知:借助动画或视频,演示不同地质历史时期海陆变迁,明确现代海陆格局。 4.地理实践力:结合地层、化石、生物演化顺序等背景知识,学会绘制表格				
教材分析	本节内容多属陈述性内容,在记忆地质年代表和对应地质历史时期生物、环境的演化特征时存在较大难度。教师在组织教学时应当注意厘清教材结构设置和教学逻辑,借助地质年代表、视频影像等形象、直观的材料吸引学生注意力,提高地理学习兴趣,降低学习难度				
学情分析	1.知识储备:本部分内容涉及初中地理课程,但学生的知识储备还比较薄弱,急需充实和加强。 2.认知特点:高一学生思维活跃,渴望探索自然奥秘。这个年龄段的青少年记忆力极好,对他们识记地质年代和相应的地理环境特点都有好处。 3.学习障碍:这一部分的内容理解起来难度不大,但是相对来说需要识记的内容比较多				
生涯设计	1.通过知识与实际相结合,帮助学生树立大地理大历史观念,培养严谨的科学探究精神。 2.通过具体实例和案例,摒弃"读书无用论"对学生的影响,为新高考背景下的学生指引未来报考学习和工作的可行方向。 3.教学设计和教学用幻灯片所用材料均为本节课程所涉及的大学相关专业的实际教学材料或者研究成果,通过这样的素材介绍和使用能够让学生更好地理解现在所学和未来可能发展方向。 4.通过趣味化的案例,激发学生的积极探索兴趣,为学生未来的人生规划奠定基础				
重点难点	重点	学会使用地质年代表描述地球演化历史			
	难点	记忆地质年代顺序与特征			

设计思路	利用新颖的"参观"活动引入新课程,在"游览"过程中,启发学生,让学生主动思考地球的演化过程,明确地球发展历史及演化次序			
教学方法	讲授法、讨论法、视觉教学法、多媒体教学法、观察法			
教学过程	手段	教师活动	学生活动	教学设计意图
导入新课	短视频导入新课	展示吉林大学地质宫博物馆的短视频,通过视频引入新课,观看过程中引导学生掌握视频中的信息:地球的诞生、化石、地层等信息	观看过程中引导学生掌握并回答视频中的信息:地球的诞生、化石、地层、地质时代等信息	吸引学生注意力,提高学生对地球历史部分的学习兴趣
讲授新课	课件展示	一、化石和地质年代表 1.化石和地层 在上面的视频中,我们知道地球上曾经有恐龙,现在还有吗?我们是怎么确定曾经有恐龙的?又是怎样确定恐龙存在时代是什么时间的?引出概念化石和地层,并绘制示意图,以帮助学生了解化石形成的先后顺序。借助图片将概念具象化。 2.地质年代表 视频中提到中生代包括三个纪,分别叫作三叠纪、侏罗纪、白垩纪。"纪"是什么?地质历史的时代的划分是怎样的?还有哪些时代?依据这些时代划分制出一个"日历表"。想要制成这样的日历表我们还需要掌握哪些知识?	任务一:阅读课文,结合视频回答问题。 1.化石是存在于沉积岩中的生物遗体或遗迹。 2.地层是研究地层演化历史最重要的途径,我们是通过哪些手段确定地层划分,化石类型?有哪些专门研究这些内容的学校和专业	形象化教学,帮助学生形成系统观点,锻炼学生总结归纳能力。提高学生梳理知识,自学和动手能力

			任务二:阅读课文,小组讨论,相互交流。	
讲授新课	课件展示	二、地球的演化过程 要求学生在上个活动中所绘制的地质年代表右侧加入演化特征栏,并将演化特征细分为海陆演化、动物演化、植物演化及矿产等,总结各时代演化特征。结合生物复原图和不同地质历史时期的地理环境模型,对生物演化特征和不同时代环境变化的相关内容进行讲解。之后再对生物活动场景进行描述,要求学生对其所处地质年代进行判断。或者在地质历史相应场景中,选择生物地理环境不合理的特征。 引导学生完成第19页教材的活动探究,填写不同年代典型生物演化特征和地貌格局变化的空白部分内容。结合思维导图对知识体系进行归纳梳理,对课程内容进行梳理	明确宙、代、纪的时代划分,以小组为单位,绘制地质年代表,按照地球演变顺序,填写地质年代时间与演变特征。结合所学知识与课本内容完成填图训练,补充笔记	梳理时代演化顺序,标记重点内容,形成知识体系,方便理解记忆。学以致用,梳理知识框架,巩固所学知识
		学以致用:学习完本节课内容,你对哪一方面最感兴趣?是化石?还是植物动物演化?或者各个时代的矿产?想不想继续学习你感兴趣的那部分内容?展示本节课所涉及的专业以及各专业所属大学。将这些专业未来可能从事的职业方向进行汇总	启发学生根据学习内容和自身爱好,了解和选择未来学生方向和大学专业	为学生树立目标,为学生认真学习提供动力
课堂小结	结合板书与思维导图,回顾课程内容,梳理知识框架			
课后作业	本节习题,并就本课时中出现的专业选择一个最感兴趣的做专业介绍			
板书设计	一、化石和地质年代表 1.化石 2.地层 3.地质年代单位 4.地质时代单位 5.自制地史学简表	二、地球的演化过程 (一)前寒武纪 (二)古生代 (三)中生代 (四)新生代		

教学反思	1.本节课内容零散,但是内在逻辑性较强,要求学生既要强识,又要博闻。难度不大但要学好不易。 2.知识内容距离实际生活较远,学生在学习的过程中会有飘在空中之感,辅以大学相关专业的具体研究成果、具体图片和"博物馆游览"帮助学生"脚踏实地"。 3.让学生知道任何知识都能用于生活,通过大学专业和就业方向的介绍,让同学们知道任何感兴趣的点都可以去深入研究,并能掌握一技之长

《旅游活动设计》教学设计方案

郭浃宝

课型	新授课	课题	旅游活动设计	教材版本	人教版
年级	高一	课时	1课时	授课教师	郭浃宝
课程标准	让学生初步掌握旅游地理学科的基本理论和方法,重点掌握旅游资源的基本特征和时空分布特征及其形成的原因。从而能够设计旅游路线,使学生形成比较完整的地理考察能力。注意旅游安全				
教学目标	1.知识目标:了解设计旅游线路的基本思路,影响旅游安全的因素。 2.能力目标:应用自己已掌握的地理知识,尝试从生活中发现地理问题,提出探究方法,与他人合作开展调查研究,提出解决问题的对策,运用恰当的方法和手段表达交流,反思自己地理学习和探究的体会见解和成果。 3.情感目标:培养学生的正确审美观,形成对祖国大好河山的热爱之情,陶冶情操				
教材分析	旅游地理贴合生活实际,学生学习起来较为容易理解。结合实例进行旅游活动设计,要求学生学会收集旅游信息,根据旅游资源状况确定旅游点,选择合理线路。明确影响旅游安全的因素				
学情分析	现代旅游已成为大众需求,很多同学都有旅游的经验,学习了旅游地理之后,又掌握了一些基本知识,但由于现在学业压力,学生没有时间运用知识去亲身体验旅游活动,而旅游本身对学生有很大的吸引力,是学生愿意探究尝试的问题,容易激发学习的兴趣				
生涯设计	在高中地理教学中渗透生涯规划教育,能够丰富有关地理方面的教学资源,激发学生学习地理的兴趣,可以让学生借助地理学科寻找自身发展的方向,更好地实现自我价值与社会价值。采用乡土教学的地理方法,让学生结合实际的环境,提高学生运用地理知识解决问题的能力				
重点难点	重点	设计旅游活动应遵循的原则以及如何保障旅游安全			
	难点	收集旅游信息,制定合理线路			
设计思路	结合案例,采用乡土地理教授理论知识				
教学方法	欣赏、思考、归纳、合作、探究				
教学过程	手段	教师活动	学生活动	教学设计意图	
导入新课	课件展示(播放图片)	图片展示	领略大自然鬼斧神工的自然景观	创设情境,激发学生学习旅游地理的兴趣	

知识回顾	课件展示（播放图片）	引领学生复习教材中与日常旅游活动密切相关的知识,旅游资源的类型,旅游资源的审美特征,旅游景观的欣赏方法	回顾旅游资源的分类,旅游资源的价值,以及旅游资源的评价方法	巩固旅游地理基础知识,为旅游线路设计打基础
讲授新课	课件展示	任务一:提出活动问题,请同学们设计游玩路线	学生化身金牌旅游师,思考如何规划路线	以具体事件引发学生思考
		任务二:回归课本,确定旅游活动设计的方法以及影响因素	围绕问题,阅读课文,思考回答旅游线路设计的步骤以及影响旅游安全的因素	确定旅游线路设计的分析方法,给学生思考的路径
		任务三:结合赤峰旅游交通图,展示赤峰著名旅游景点,结合具体案例,设计小组活动。鼓励学生展示	结合材料,小组讨论,相互交流。选出代表,先后展示设计路线,小组之间相互提出改进意见	理论联系实际,采用乡土地理教学,运用所学知识解决实际问题
		任务四:在地理教学中渗透生涯规划教学,介绍地理与旅游专业的关系,并向学生展示旅游管理专业开设的院校以及未来的职业前景,为同学们展示规划师这一新兴行业	通过对地理学科的学习寻找自身发展的方向,激发学习的欲望,更好地实现自我价值和社会价值	将地理与实际生活相结合,开阔眼界,为未来发展服务
课堂小结	本节课我们以具体案例明确了旅游活动设计的设计步骤,以及在活动设计当中需要注意的旅游安全问题。其中,设计旅游活动应遵循的原则以及如何保障旅游安全是重点。学以致用对具体旅游活动进行设计是难点			
课后作业	利用假期,为家人设计一条合理的短途旅游路线			

板书设计	旅游活动设计 1.设计步骤:①了解旅游者的出游愿望和能力;②收集旅游地的信息;③确定旅游目的地,选择旅游线路;④保证旅游安全。 2.旅游安全。 3.结合实例进行旅游活动设计。 4.地理学科与职业生涯规划
教学反思	职业生涯规划教育是一种促进学生职业生涯发展的教育活动。近年来随着新高考模式实施范围的扩大,高中职业生涯规划教育开始被人们逐渐重视起来。在高中地理教学中,案例教学的应用十分广泛,且地理学兼跨自然和人文两大学科,其学科特性决定了与之相关的职业有很多。因此设计高中地理教学中渗透职业生涯规划教育的教学案例应用于地理教学,既可以引发学生学习地理的学习兴趣,帮助学生更好地学习地理;又可以从侧面渗透职业生涯规划教育,为学生未来的职业选择奠定基础。本节课内容相对简单,难度较小,如何在教学中深入浅出地引导学生分析问题,解决问题,让看似简单的问题透露出深奥的地理知识,是本节课设计的一大难点。在教学设计上,我结合地理学科的特点,多方搜集素材,尽可能地给予学生更多的、更直观的信息。丰富学生的视野,拓宽学生的思维,从而较好地完成了学习任务。此外,在设置学生活动时,教学难度较大。为了解决这个问题,我先明确学习方法,再结合具体案例,供学生讨论。最后,我认为本节课也有应该改进的地方。在介绍地理课程与旅游专业时应结合实例,让学生们更加清晰地理解专业内涵,确定自己未来的发展方向

《产业转移》教学设计方案

李志伟

课型	新授课	课题	产业转移	教材版本	人教版
年级	高二	课时	1课时	授课教师	李志伟
课程标准	举例说明产业转移对区域地理环境的影响				
教学目标	1. 知识目标：了解产业转移的概念、分类、目的，分析理解影响产业转移的因素。 2. 能力目标：通过读图，学会利用图标分析问题的基本方法。 3. 生涯目标：了解企业家应该具备的素质，以及具有专业优势的高校				
教材分析	《产业转移——以东亚为例》是人教版高中地理必修三第五章第二节的内容。本章节紧扣人地关系的基本思想，在内容上，产业转移上承工业区位、工业化与城市化等相关知识点，下接人类活动对区域环境的影响，是区域联系影响区域发展的例证之一。本章节研究蕴含区域地理学的基本思想，鲜明地体现出区域的差异性与联系性、整体性与开放性				
学情分析	基于本节课理论性较强且与现实经济生活密切相关的特点，教学中应注意案例分析方法的运用，使学生从案例分析中掌握地理规律，抓住事物的本质属性与综合性特征				
生涯设计	可以创设情境，扮演角色，让学生在角色中获得知识情感体验的同时，形成明确的自我认知，规划未来，特别是明确自己对大学专业和未来职业的选择，以此明确努力方向，增加学习动机				
重点难点	重点	学会运用实例分析影响产业转移的因素			
	难点	能运用实例分析内部交易成本对产业转移的影响			
设计思路	学生角色体验，每个学生都参与其中，充当核心组成员为了更好地探讨产业转移，通过角色扮演，使学生在"做中学"。通过体验来获取知识，品尝获取知识过程中成功的喜悦，同时又加深对影响产业转移的因素以及产业转移对区域的影响这两个重要知识的理解				
教学方法	案例分析法、讨论法、讲授法				
教学过程	手段	教师活动	学生活动	教学设计意图	
导入新课	课件展示（播放视频）	通过郎咸平讲解日本产业的演变，了解产业转移的概念	通过之前对工业的学习，以及观看视频，明确什么是产业转移	视频引入，可以激发学生的兴趣	

讲授新课	课件展示	任务一： 了解产业转移的分类、目的	学生可独立完成学习	1.提高分析工业区位因素的能力
		任务二： 教师提出问题： 1.如果你是耐克的老板，想要兴建一座工厂，你要考虑哪些因素？ 2.考虑劳动力因素，你想要把工厂建在哪里？ 3.东亚地区劳动密集型产业转移的顺序是什么？ 4.考虑内部交易成本因素，你想要把工厂建在发达国家还是发展中国家，为什么？ 5.为什么日本要将汽车生产厂建在中国？	学生讨论热烈	2.掌握劳动力导向型工厂布局的原则
		任务三： 图表展示东亚地区劳动密集型产业转移的顺序，分析其原因和规律。 课堂小结：随着经济水平的提高，劳动力价格相应提高，劳动密集型产业又会向劳动力价格较低的国家或地区转移	培养学生的概括能力	3.了解产业转移的一般规律
		任务四： 你想不想成为企业的老板？如果想，你自身应该具备哪些素质？ 创设情境假如你是本地企业的老板，你会创办什么企业，你会考虑哪些因素，列出图表，角色扮演。 讲解、展示国内管理学优秀的大学	学生参与集体讨论，讲出理由	4.理解内部交易成本及知识应用 5.提高学生分析、解决问题的能力。 引出生涯目标，对生涯目标的建立，培养学生树立明确的目标，激发学习动力
课堂小结	本节课注重培养学生能力，创设问题情境，调动学生的积极性，通过师生互动、生生互动提高教学效果			
课后作业	搜集成功企业家成功事迹和自身优势			
板书设计	产业转移 一、产业转移的概念、分类、目的 二、产业转移的影响因素 三、职业认知			

教学反思	本节课的教学设计和教学过程体现新课标的教学理念,注重培养学生能力,创设问题情境,调动学生的积极性,通过互动、提高教学效果。注重案例教学,贴近实际,贴近学生,贴近就业,渗透生涯规划的内容,更加适应学生的发展需要,符合"尊重学生身心发展规律,改进教学方式"的基本理念,课堂教学效果良好

《城市化》教学设计方案

韩佳霖

课型	新授课	课题	城市化	教材版本	人教版
年级	高一	课时	1 课时	授课教师	韩佳霖
课程标准	运用有关资料,概括城市化的过程和特点				
教学目标	1. 理解城市化的含义和主要标志及人口向城市迁移的主要动力。 2. 运用资料,了解世界城市化的进程和各阶段的特点。 3. 理解郊区城市化、逆城市化和再城市化的含义				
教材分析	本节课主要是从时间这个维度探讨了城市的发展历程及今后的趋势,城市化不仅受地理环境的影响,形成不同的城市形态和不同的空间结构,也深刻影响着地理环境,本节课在本章中又起着提炼与升华的作用				
学情分析	承接上节人口,学生已具备一定的人文地理知识,且高中学生的理解能力已基本上可以从感性认识上升到理性认识,但由于生活阅历较少,对一些问题的理解较片面,所以教师在授课过程中一定要注意结合具体案例进行分析。本节以赤峰市为例,结合乡土地理,对城市化现象进行分析。此外,人文地理与自然地理相比,人文地理的内容通常对表述能力要求比较高,所以,如何简练、准确地表达出自己的想法对于学生来说也是有一定难度的				
生涯设计	本节以城市化的概念为主线,引申出人口向城市迁移的主要动力,并运用资料,了解世界城市化的进程和各阶段的特点,总结我国和世界其他国家城市化发展规律。针对城市发展产生的现象与问题,激发学生探究我国城市化的进程和特点的热情,唤醒学生生涯意识,鼓励学生将来学习人文地理与城市规划专业				
重点难点	重点	1. 城市化的含义以及重要标志。 2. 不同类型国家城市化进程的特点			
	难点	1. 读图分析城市化进程各阶段的特点。 2. 培养学生对数据资料的分析、表达能力			
设计思路	以赤峰市为具体教学案例,通过"材料+问题+活动"的三维方式建构课堂,采用问题式探究层层推进教学,由易到难,由浅入深,由抽象到具体,把课堂中教师的理解转化为学生的理解,从知识表层的理解转向内涵、情感的理解				

教学方法	1.学生自主学习和探究学习方法相结合。 2.针对教学重点和难点部分主要通过学生自主合作探究的形式,增强学生的分析能力和答题能力			
教学过程	手段	教师活动	学生活动	教学设计意图
导入新课	课件展示(深圳市现在和过去的图片)	展示图片,引导学生思考	观察图片、紧跟老师思路、思考	创建情景,激发学生的学习兴趣,调动学生探讨问题的积极性
讲授新课	课件展示	有关"城市化"学习目标的呈现。阅读并理解学习目标	阅读并理解学习目标	明确学习目标,引导学生按照学习目标进行知识的层次化学习
	课件展示	问题引入:根据赤峰市城市发展历程,总结并归纳城市化定义,明确城市化的最主要的标志	学生读图、读表分析并,尝试列举和总结"城市化"概念及主要标志	培养学生能从图表或是数据等相关材料中,提炼地理概念的能力
	课件展示	问题思考: 1.指导学生结合图2.17思考并回答:是什么样的力量推动着城市化的发生呢? 2.提问:城市化发展与社会经济发展之间有什么关系?	看图,思考问题,回答老师所提出的问题	培养学生读图看图判图,得出相关结论的能力
	课件展示	师生共探究、小组讨论探究、展示交流(要求学生结合文本及发放的图文材料进行总结) 1.出示探究问题(一):城市化进程可以分为哪几个阶段?各阶段有什么特点? 2.出示探究问题(二):阅读课本第33页,总结英国城市化进程。 3.提问:目前发达国家和发展中国家各处于哪个阶段?	1.学生明确任务,学科长领导本组进行讨论,组织发言词。 2.各组派发言人发言,其他组成员倾听,并质疑或补充	培养学生的分析材料及读图能力,会用专业术语答题的能力

			理解郊区城市化、逆城市化和再城市化的含义	利用表格式归纳,有利于学生系统掌握,形成知识间的联系
讲授新课	课件展示	对新课中出现的新名词进行分析解释,归纳成表格		
	课件展示	针对城市发展产生的问题与现象,激发探究我国城市化的进程和特点的热情,唤醒学生生涯意识。鼓励学生将来学习人文地理与城市规划专业		
课堂小结	指导学生对本节知识进行总结			
课后作业	社会小调查:调查身边人,吸引他们来到城市的推力和拉力是什么? 绘制表格进行总结归纳。将全班分好组,并对调研活动及方式进行详细说明和指导			
板书设计	城市化 1.城市化 2.城市化发展的动力 3.世界城市化进程			
教学反思	本节课主要学习城市化的含义及其主要标志、人口向城市迁移的主要动力,并运用资料,总结世界城市化的进程和各阶段的特点。从教学目标的设计来看,本节课严格参照了高中地理课程标准,通过读图分析城市化进程各阶段的特点。在培养学生对数据资料进行分析和表达时遇到了难点,这时采用学生自主学习为主、教师引导为辅的小组合作讨论法,提高了课堂效率,培养了学生读图看图判图,得出相关结论和会用专业术语答题的能力。 人文地理与城乡规划可以帮助决策者了解和揭示社会问题和影响因素,从而制定合理的城乡规划政策。该专业通过学习城乡规划和管理,进行城乡规划设计、土地资源利用和规划利用资源和环境,促进城乡人口和经济的可持续发展。本节课讲授了城市化的概念和世界城市化发展的历程,结合赤峰地区城市化发展的实际,引发学生对城市发展历程的思考与兴趣,调动学生的积极性,总结今后城市发展中面临的问题与挑战,从而鼓励学生努力学习,投身城市建设发展与研究中,为社会发展贡献自己的力量			

生涯规划在高中美术教学中的引领

《平凡者的创造　隶书》教学设计方案

宋艳姝

课型	新授课	课题	平凡者的创造 隶书	教材版本	湘美版
年级	高一	课时	1 课时	授课教师	宋艳姝
课程标准	培养学生对书法艺术的兴趣,全面提高审美能力和书写技能,发展学生特长				
教学目标	1.通过鉴赏具有艺术特色的书法作品,使学生了解隶书的成因、发展过程、风格特点等。 2.掌握隶书书写基本规律,通过与小篆在笔法和结体上的对比,激发学生对书法的探究兴趣。 3.通过隶书练习和创作实践,使学生感受汉字艺术独特魅力,增强对传统文化的认同和理解				
教材分析	作为一套核心素养高中教材,体现了国家教育课程改革的新成果,强调了美术与文化传承、社会进程以及人文发展的紧密联系。本套教材以培养美术学科核心素养为导向,创设问题情境,课程标准的两个学习系列分别是美术鉴赏和美术表现,本课主要研究的是中国书画中的书法模块,本课属于"鉴赏·练习"活动,着力解决理论认知和实践操作两方面问题。在图片选用上,注意典型性和多样性				
学情分析	1.体验和感悟书法艺术的魅力,使学生产生对书法独特的认同和喜爱。 2.培养学生合作沟通能力,训练艺术创作思维,提高观察和书写能力				
生涯设计	激发社会责任感,唤醒学生生涯意识。鼓励学生将来学习书法学专业,创造出更多有价值的艺术作品,为学生铺设走向大学本科的艺术之路。使学生了解书法高考是我国高考的一种考试方式,与音乐、体育、美术等艺术高考一样。相对于其他省市,书法高考在内蒙古尚处于发展期,具有高考人数较少、就业渠道广、成绩提高快等优势				
重点难点	重点	尝试了解隶书用笔的基本技巧与方法,能基本正确地运用到临摹书写中,能较为准确地掌握隶书的基本规律和结构特征			
	难点	隶书的用笔技法和结构规律的学习			
设计思路	1.熟悉工具,熟练运用毛笔,体验书写的快乐。 2.审美提升:书写美观,注意用笔方法和结构				
教学方法	讲授法,结合创作实践实际运用				

教学过程	手段	教师活动	学生活动	教学设计意图
导入新课	课件展示	利用教材中的图例导入,创设情境 以时代为线索,介绍不同时期的隶书,不同用途的隶书,不同审美风格的隶书,进行观察、分析、对比、归纳,帮助学生划分审美风格类型。古隶、汉碑、简帛、清隶四大隶书类型,教材重点放在汉碑上。 1.引导学生站在广阔的历史文化背景与社会背景中了解隶书的产生、形成、发展及其审美特征和在文字学上的重要意义。 2.从赏析中帮助并组织学生对隶书与篆书两种书体从文字和书法特征两个方面进行异同的分析、对比、观察和归纳,使每个人都参与其中,从而建立对隶书的全面认知	学生代表朗读简介。 欣赏代表作品《曹全碑》。 欣赏代表作品《张迁碑》感受字体特点。 通过小组合作讨论	从传统文化入手,创建情境,激发学生的学习兴趣,调动学生探讨问题的积极性,以促进学生探究性学习能力的培养。 引发学生探究式学习。 配合参照、讲析、赏评,介绍作品特点,使学生对隶书有较为全面的了解
讲授新课	课件展示	了解隶书的由来及发展 (1)时代特点。 思考:隶书的出现是什么原因呢?要具备什么样的素质和精神? (2)书法艺术经历及艺术观点。 (3)书法作品的内容、风格特点。 问题:课件展示代表作品《曹全碑》,讨论书法风格之不同。 1.从隶书基本笔画起收的轮廓特征开始,讲述隶书用笔的技巧与方法,以及基本笔画的写法与要领,反复演示给学生看。 2.了解隶书结构的基本规律,做尝试体验,将体验结果自评、互评,并做反思。 教师课件展示隶书获奖作品《临池管见》 拓展: 1.书法所产生的艺术审美价值。 2.书法高考的优势专业及院校。 3.书法专业就业方向分析研究	任务一:阅读碑帖,回答问题。 任务二:阅读课文,小组讨论,相互交流,思考讨论并总结。 任务三: 1.生涯规划。 2.解决学的难题	指导学生尝试体验,帮助学生了解并掌握用笔的基本原理与方法。 引导学生从政治、经济、外交、文化等方面思考。 培养学生的结构意识和模仿能力,学会反思的学习方法。对优秀自作应给予充分的肯定

课堂小结	本课的教学涉及隶书的成因和不同时期隶书演变轨迹的欣赏,以及隶书的审美特征和书写实践三个方面的学习体验。希望通过直观的对比让学生获得汉字从象形到符号化,从弧形连笔到方形断笔,从单一的线条到各种基本笔画,从运笔粗细均匀、提按节奏不变,到富有藏露、转折、提按、快慢变化,从外形的纵长到方扁等各种不同的认知体验,从而加深对隶书审美造型与用笔技巧等特征的认识与了解,为下一环节的学习做铺垫
课后作业	1.思考在当今汉字输入有电脑、美术字库等丰富多彩的时代,中国传统书法艺术有怎样的价值,如何与现代生活结合并提高? 2.隶书临摹创作。 3.生涯规划设计初探
板书设计	平凡者的创造——　隶书 1.隶书的由来→发展→隶变→意义 2.书法艺考→生涯规划 3.拓展→总结→提升
教学反思	1.教会学生如何思考是一生中最宝贵的财富,思考在学习中得到的启示是什么? 2.在拓展时尽量贴近学生生涯规划实际,开放的探讨问题,引导学生主动思考? 3.如何体现书法专业的优势所在? 书法能够带来怎样的艺术价值?

《美术家眼中的自己》教学设计方案

邢 红

课型	新授课	课题	美术家眼中的自己	教材版本	湘教版
年级	高一	课时	1 课时	授课教师	邢红
课程标准	引导学生了解美术家自我意识在作品上的表现，学会把作品的风格特点和表现形式跟美术家的生活、生存环境联系起来，以一种历史的观点来看待美术作品					
教学目标	1. 了解美术家社会地位的变化以及这种变化同文化、经济、政治因素的关系。 2. 了解创作者的自我意识在作品上的表现方式。 3. 学会把特定的视觉图式以及风格特点跟艺术家的生活、生存环境联系起来，以一种历史的观点来看待美术作品					
教材分析	教材主要处理的是美术家的自我认同跟社会环境的关系，也就是说，美术家究竟怎样看待自己的职业。教师可以通过历史的透视和具体美术作品的分析，来理解美术家的自我跟社会角色之间的关系。在某种程度上，美术家的自我和社会之间存在着一定程度的矛盾。社会试图分派给艺术家一个明确的身份：工匠、杂役、职业画师、艺术家；但美术家却往往把自己看作一个完整的"人"，游离于各种身份之间。画家或雕塑家仅仅是一种通常的称谓和职业身份，不能反映某个具体艺术家的个性特点。而美术家更重视的，可能正是自己的人格和个性					
学情分析	高中生已经具有一定的认识能力和判断能力。但由于高中阶段学生的社会意识以及生活经验的局限，可能对本课的主题理解得不够深入，所以教师在教学中的手段要尽量多样化，在课前，让学生去查找一些这方面的资料或者故事拿到课堂上与同学分享					
生涯设计	通过本课程的学习，学生能够通过画家的自画像了解画家的人生和对画家职业的认知，通过自画像的描绘能够引发对自己的认知和反思，形成明确的自我认知，规划未来，特别是明确自己对大学专业和未来职业的选择，以此明确努力方向，增加学习动机					
重点难点	重点	理解自画像中美术家自我意识的表达，学会联系美术家的生活、生存环境分析、鉴赏美术作品				
	难点	通过对美术家自画像的鉴赏，培养学生立足人文精神，多元地分析鉴赏美术作品的能力				
设计思路	从学生对美术家工作和生活的想象入手，结合具体美术作品的分析，来逐步引导学生理解教材的主要思想和内容。一方面发挥学生的想象力，另一方面通过历史背景的讲解来加深学生对美术家的自我与社会的关系这个问题的认识。适当运用启发式教学和相互讨论的方式来促进学生的思考					
教学方法	比较鉴赏法、提问法、讨论法、观察法等					

教学过程	手段	教师活动	学生活动	教学设计意图
导入新课	课件展示	导入新课： 照镜子的漫画图片以漫画的形式提起学生兴趣，主题鲜明引入——这节课的课题——美术家眼中的自己 出示教学目标： 一、了解不同时期美术家社会地位的变化。 二、画家的自我认同与角色定位。浓缩的人生。 三、场景中对自我的体现。 抛砖引玉——出示我的自画像引出对自画像中人物塑造与生活关系的思考	观察课件上的图片信息通过图片，对人物身份、兴趣、爱好、社会地位的发散性分析、讨论	激发兴趣和探索精神
讲授新课	1. 课件展示 2. 语言引导 3. 视频欣赏 4. 板书	人类早期活动中艺术家留下的痕迹，思考"美术家"这一角色在古代是什么社会地位？为什么？带着这两个问题来看两幅图片。 画家是在文艺复兴之后逐渐受到人们的尊重的。 1. 画家的自我认同与角色定位：丢勒自画像为例与基督画像进行对比分析。 2. 出示凡·高一系列画像，配合学生回答引出对凡·高的介绍。 提示自画像中画家注重的是对自己在精神上的表现，把自画像放在一起就是画家浓缩的人生。 3. 画家不只会用衣着动作表达他们眼中的自己，有时候，也会利用一些场景。 出示《画室》和《宫娥》。 提问：请同学们对比分析一下这两张画。 (1) 画家所在的环境或场所有什么区别？ (2) 画家自己是以什么方式出现在画面上的？ (3) 是否看出画家对自己职业的看法？ 提示：同是处于创作或生活场景中的美术家，委拉斯贵支的画室是在皇宫，画家本人是"宫廷画师"，负责记录这些人物和事件。而维米尔却是耐心地坐在自己那狭小的画室里描绘一位抱乐器的姑娘。跟《宫娥》相比，这是一个再平凡不过的地方。委拉斯贵支自画像面前那块巨大的画布表明他记录的是重要的事件和宏伟的景象，而维米尔那块小画布则说明他更专注于普通生活的细节。 创作要求：画面线条简洁、有创意，能表达自己独特的思想情感。（强调自己最典型的特征，不要求"很像"，可以配合文字）	1. 通过猜想、小组讨论、教师引导等方式了解画家地位的转变，视频了解凡·高生平，通过画面了解画家特有的人格魅力。 2. 进行小组探讨，并选取代表表达小组意见。 3. 听老师讲解，对画家职业的了解和认同，做职业倾向分析	1. 发展学生细心观察、交流学习、思辨和获取信息的能力。 2. 发展学生的观察能力、分析能力、总结概括能力。 3. 培养学生发散思维的能力 4. 通过自画像的创作使学生充分了解自己的职业倾向类型，并通过相关信息，分析自己的职业性格和匹配职业。唤醒生涯规划意识
课堂小结		通过自我认知，使我意识到在课程中渗透思政和生涯教育的必要性		

课后作业	通过自画像文字描述典型特征
板书设计	美术家眼中的自己　　　眼中的自己 　　　　　　　　　　　浓缩的人生（凡·高） 　　　　　　　　　　　场景中的自我(宫娥、画室) 艺术源于生活,但却高于生活
教学反思	通过本节课的学习,了解自画像是艺术家表现自己精神世界的一种方式。欣赏自画像的时候,我们要根据画家生活的社会背景和生平经历去理解,艺术来源于生活而又高于生活,我们要懂得欣赏美、感受美和创造美。我们也要用画笔表现自己的思想与情感,勇于展现自己的心路历程。这使我意识到在课程中渗透思政和生涯教育的必要性

《图像与眼睛》教学设计方案

任维鹏

课型	新授课	课题	图像与眼睛	教材版本	湘教版
年级	高一	课时	1 课时	授课教师	任维鹏
课程标准	懂得美术鉴赏的基本方法				
教学目标	这一单元是美术鉴赏的入门课程,在学生初步学会了用审美的眼光去看美术作品及日常生活中和美术相关的事和物后,本课在此基础上拓展学生的审美观念,了解美术作品的不同的形态特征,并针对不同形态的美术作品初步掌握不同的欣赏方法				
教材分析	很多没有受过专业训练的人在欣赏美术作品的时候,往往喜欢用"像不像某种事物"这种简单的方法来评价作品,把作品中的物象与现实世界的物象"对号入座",似乎不能对号入座的就不是好作品。对于具象作品,教材分析了它与客观事物之间的关系;意象作品虽然与现实世界有着某种潜在的联系,但是更主要的是艺术家把从现实世界获得的形象进行了主观化、情感化的处理,突破了我们实际生活中的规律,创作出一些只有在艺术领域才能出现的形象特征;抽象作品是完全不能辨认的图像,来源于艺术家的主观世界				
学情分析	在美术欣赏的时候,高一年级学生往往认为评价一幅作品的好与不好就是看它"像与不像",认为像的就是好作品,不像的就不是好作品。这是一种非常片面的看法,说明学生还根本不了解美术作品的类别和内涵,给高中美术欣赏教学带来了一定的困扰				
生涯设计	引入话题讨论图像与视觉传达设计的发展,让学生在学习知识点的过程中学会运用理性和正当的视角和眼光,科学全面地分析和把握视觉传达设计的优劣所在,准确理解设计艺术的社会发展定位,增添对视觉传达设计本身的挖掘和探索兴趣,发现视觉传达与日常生活的关联程度之强,其应用范围和领域之广,从而让学生思考自身的能力和特长与视觉传达设计发展的交集之处,对未来的学习方向和专业选择有大致的规划和意向,对自己的职业生涯产生一定的期待和构想				
重点难点	重点	让学生了解美术形象的基本种类,理解具象、意象、抽象美术作品的基本内涵			
	难点	突破只能欣赏具象美术作品的局限,并初步掌握欣赏的方法			

设计思路	以图像与眼睛的关系的理解导入,然后直接分析、讨论图像通过哪三种类型反映物象,是否强调语言特色。其实不懂美术语言,就难看懂图像的三种分类(具象美术、意象美术、抽象美术)的内涵。所以先以弄懂美术语言为先导,再了解图像的三种分类;教师可以选用一些经典的美术作品,增加教学氛围,提高学生的兴趣				
教学方法	高中生的自我意识非常强烈,因此在教学中应该让学生自己积极主动地去研究问题,由他们自己提出问题,教师再给予指导,这样教学才不会被动,学生也可以有效地吸收知识				
教学过程	手段	教师活动		学生活动	教学设计意图
导入新课	课件展示	教师导入:以提问的方式开始"每一种艺术形式都有自己的语言,比如音乐、舞蹈、戏剧等,音乐的语言形式是音符,舞蹈的语言形式是肢体语言,而戏剧的语言形式则有肢体语言、表情等。那么,美术作品的语言形式是什么呢?" 教师对学生的回答进行归纳总结,并指出:美术作品的语言形式其实就是构成美术作品的基本要素。由此,我们先来看看美术作品的构成要素有哪些。 引出:今天我们的讲课内容就是——图像与眼睛		思考图像与客观物象的不同情况。学生们思考美术的语言形式并回答	考考你的眼力,激发学生的学习兴趣,调动学生思考与讨论的积极性
讲授新课	课件展示(图片展示)	上一节课的内容已经带领大家迈进了艺术的门槛,并且跟陌生的美术作品初次见面了,第一个问题开始进入我们今天的主题,将美术作品按形象特征进行分类,分为哪几类? 1.具象美术作品 《父亲》 2.意象美术作品 《向日葵》 3.抽象美术作品 《奔流》 提问:首先来回答第一个问题,具象美术作品的定义。 教师总结: 与现实事物很像,画家严格按照写实的手法,表现出来的东西与平常大家眼睛看到的东西非常一致,因此大家最容易接受		任务一:欣赏美术作品,回答问题。 合作探究,同学们了解到分为这三类,那么具体是怎么分的呢?就今天的主要内容讨论一下	通过小组合作讨论,培养学生合作沟通能力;提高了学生归纳总结能力

讲授新课	课件展示(图片展示)	意象美术作品,看图《荷石水禽图》《生日》《向日葵》然后提问:这些作品来源于哪里,与现实生活中的形象是否一致?教师总结:意象美术作品不拘泥于客观象的真实再现,美术家的主观认识和情感的渗透更多一些。我们大家都读过很多优秀的文学作品,这些作品除了有描写景物人物之外,还会描写一些内心独白、幻觉等完全看不到的东西,艺术家有没有这个才能呢?这种才能是如何体现出来的呢?抽象美术作品,展示图片:克利《奔流》(波洛克作品)教师总结:这几幅图片完全抛开形象,表现的完全是画家内心的感觉,或奔放,或理智,或热情,或冷静……(三)精讲点拨:大家通过学习已经能够进行分类了,当然可能大家还会对这几类作品有些疑问。1.具象美术作品与照相的区别?教师总结:照相——原样——copy具象艺术——可以在原基础上进行改动,可增减,可重组等。2.应怎样初步鉴赏意象美、抽象美?教师解答:如何欣赏意象美出示图片明星照片与漫画像比较——漫画像更搞笑送鲜花的照片与夏加尔的《生日》比较——送鲜花的照片更浪漫不仅反映了丈夫给妻子送花的场景,而且刻画出了夫妻喜悦的心情。抽象是一种很难欣赏的美,抽象画所体现的是对旋律、节奏、均衡等单纯视觉元素的审美感悟,所以没有一定的审美素养是很难看懂的。大家不断提高艺术修养,不断丰富审美经验,便能逐渐体会它的美	(鼓励学生积极回答)我们再来看几幅图例,这些图有什么共同特征呢?请同学回答。学生回答(来源于生活,但不完全一样,似像非像)任务二:欣赏图像,小组讨论,相互交流。思考讨论并总结出三大类美术作品的不同。任务三:1.思考讨论三幅美术作品:《毛主席去安源》《泼墨仙人图》《无题》(俄罗斯)分别属于具象、意象与抽象作品。试着归纳出你理解中的具象、意象、抽象作品的特点。2.被不同的图像、物象反应的各艺术作品深深震撼,感慨美术作品对人类的贡献	分别请女同学和男同学一起读一下具象、意象、抽象美术作品的定义,鼓励学生勇敢表达自己。激发学生的图像识读和审美判断的能力,增添对视觉传达设计本身的挖掘和探索兴趣,发现图像设计作品与日常生活的关联程度,其应用范围和领域之广,鼓励学生将来学习视觉传达设计专业,将来创造出更多的具有艺术价值的美术作品,造福社会

课堂小结	1.具象美术作品对应于客观物象,艺术形象与自然对象基本相似或极为相似的艺术。艺术作品中的艺术形象都具备可识别性。 2.意象美术作品不拘泥于客观象的真实再现,美术家的主观认识和情感的渗透更多一些。 3.抽象作品不能对应于客观物象,它的形成主要来源于美术家的主观世界,体现出的是人为的主观意识
课后作业	通过网络多媒体查阅有关具象美术作品、意象美术作品和抽象美术作品的相关图片,感悟、欣赏、体会
板书设计	图像与眼睛 具象美术、意象美术、抽象美术
教学反思	本节课主要学习了图象的三种分类(具象美术、意象美术、抽象美术)的基本内涵,其中掌握欣赏意象和抽象美术作品是难点,通过小组合作讨论凡·高《向日葵》、克利《奔流》很好地突破了难点。由生活中的图像到观看艺术作品,用眼睛去发现美和鉴别美,引发学生思考美术创作来源于生活,美术作品和美术形式也可成为生活的美的点缀,体会到各类美术作品让越来越多的人获得深层的精神满足和审美的幸福。通过美术鉴赏,我们要以历史的眼光、发展的眼光去看待被美术史肯定的美术作品,鼓励学生努力学习,将来投身到自觉地保护传统文化、民族文化中去,造福社会

《美在民间——中国民间美术》教学设计方案

戴丽丽

课型	新授课	课题	美在民间——中国民间美术	教材版本	人教版
年级	高一	课时	1 课时	授课教师	戴丽丽
课程标准					
教学目标					
教材分析					
学情分析					
生涯设计					
重点难点	重点				
	难点				

课程标准	认识民间美术是中国美术的重要组成部分,有众多门类和丰富的文化内涵,让学生了解几种民间美术形式(剪纸、皮影、年画、泥塑),民间美术是由人民群众创作的,用以美化环境、丰富民间风俗活动和在日常生活中应用及流行的美术
教学目标	1. 知识目标:认识民间美术是中国美术的重要组成部分,有众多门类和丰富的文化内涵,让学生了解几种民间美术形式(剪纸、皮影、年画、泥塑),民间美术是由人民群众创作的,用以美化环境、丰富民间风俗活动和在日常生活中应用及流行的美术。 2. 能力目标:通过学生分析体会民风民俗的积淀,掌握民间美术的精髓——出发于对生活的美好愿望,提高其精神境界和艺术素质及审美能力,为其继承和发扬民间美术奠定基础。 3. 情感目标:理解民间美术中的蕴含的人民群众思想感情和审美趣味。弘扬民间美术精华,培养热爱民间美术的情感
教材分析	中国民间美术内容种类繁多,是人们在长期生产生活中积累起来的经验和文化,是民间群众最纯朴的思想表现。寓意深邃,文化内涵深厚,在艺术形式上,体现了广大劳动群众的生活,在学习中探究群众的精神品质,坚定文化自信,增强爱国情怀,引导学生树立远大志向
学情分析	兴趣是学习的动力,在教学中我们可以采用故事引趣,提问题,留悬念激趣,让学生在学中玩中求趣等手段激发学生兴趣,增强教学的娱乐性
生涯设计	通过对民间美术的学习,引导学生去了解民间美术,让学生对民族文化深处的审美理想更深入学习专业基础知识。对民间美术有初步的了解,激发学生动力,使之成为部分学生的就业目标。并且向着目标奋斗,勇敢追求梦想

重点难点	重点	了解几种民间美术形式,民间美术是由人民群众创作的,以美化环境、丰富民间风俗、在日常生活中应用及流行的美术
	难点	了解民间美术作品中所包含的丰富的精神内涵、民俗生活内容和植根于民族文化深处的审美理想

设计思路	广大劳动人民既是民间美术的创作者,也是使用者和欣赏者,同时还是传承者和传播者。民间美术较多地保留着原始美术的某些基本特质,具有与现实生活紧密相关的原发性,让学生对美术感兴趣			
教学方法	任务教学法、合作学习法			
教学过程	手段	教师活动	学生活动	教学设计意图
导入新课	课件导入(图片展示)	导入新课:向学生展示剪纸、皮影、年画、泥塑的图片	观察图片了解中国民间美术内容种类繁多	激发兴趣,引出话题
	读前活动	民间美术的品类丰富,材质多样,创作方式、生产技艺千变万化,引导学生关注文体题材	观察并讨论图片回答活动一的两个问题	发展学生利用图片获取信息的能力
讲授新课	读中活动	民间美术不以审美功能为终极价值追求	它们交融于各族人民的社会生活之中,与人们的衣食住行紧密关联	相互交流,有利于学生之间相互学习和借鉴
	课件展示	大众的艺术	分小组讨论美术在生活中的作用	激发竞争意识唤醒主动学习发现学习
		生活化的艺术	各小组讨论,然后请几组与全班分享	引导学生与自身实际相结合,树立远大的目标
		民间美术与民俗活动密不可分,相辅相成	了解民俗活动	与生活息息相关
	读后活动	通过学生分析体会民风民俗的积淀,掌握民间美术的精髓——生发出对生活的美好愿望,提高其精神境界和艺术素质及审美能力,为其继承和发扬民间美术奠定基础	分享自己未来职业选择的想法	生涯渗透,鼓励学生做出努力。树立精神,坚定远大理想
课堂小结	民间美术既是艺术家创作之源,也是大众的文化生活之流,数千年来传承至今,是值得珍视和保护的民族文化遗产			
课后作业	根据民间美术的概念界定及特征,试比较民间美术与古代宫廷美术、文人士大夫美术,以及现当代专业艺术家所创作的美术作品之间的区别			

板书设计	美在民间——中国民间美术 常见的民间美术品类有:剪纸、年画、刺绣、皮影、面具、木偶、玩具、木雕、泥塑等 大众的艺术:年画、皮影、剪纸 生活化的艺术 民俗活动的有机组成部分
教学反思	思所得:民间美术是劳动人民所创造的艺术,是社会生活的产物,是值得珍视和保护的民族文化遗产。 思所问:教学常常忽视对学生习作评价方法的艺术,往往只重视让学生获取知识。 思所改:学生的起点和接受能力均有差异,辅导必须照顾到整个班级,要抓住重点问题以达到教学目的